La justificación

y la bondad de la gracia

Derechos de autor © 2025, 2022 Star R. Scott.

Todos los derechos reservados. Ninguna parte de este libro puede ser reproducida, guardada en un sistema de recuperación ni transmitida en forma alguna por ningún medio —electrónico, mecánico, fotocopia, grabación o cualquier otro— sin el permiso por escrito del propietario de los derechos de autor.

Prohibida su reventa.

Todas las citas bíblicas son tomadas de la versión RVR1960. Texto bíblico: Reina-Valera 1960 ® © Sociedades Bíblicas en América Latina, 1960. Renovado © Sociedades Bíblicas Unidas, 1988. Utilizado con permiso.

ISBN-13: 978-1-938520-16-7

Publicado por Star Publishing

Para más enseñanzas visite www.calvarytempleva.org.

La justificación
y la bondad de la gracia

Star R. Scott

Índice

Nota del editor vii

La justificación 1

Capítulo 1
La justificación por medio de Cristo 3

Capítulo 2
La reconciliación 13

Capítulo 3
La redención 23

Capítulo 4
No hay condenación 31

Capítulo 5
No es por obras 42

Capítulo 6
La santificación 52

La bondad de la gracia 63

Capítulo 7
Deleite inmerecido 64

Capítulo 8
La esclavitud del hombre con el pecado 69

Capítulo 9
La ley: el silenciador y el maestro 78

Capítulo 10
Dios en busca del hombre que huye 92

Capítulo 11
Redimido por gracia 99

Capítulo 12
Las riquezas de su gracia 106

«Frases» del pastor Star R. Scott 114

Sobre el autor 118

Nota del editor

La obra que tiene en sus manos es una recopilación de transcripciones de algunos sermones que el pastor Star R. Scott compartió con su congregación de Sterling, en Virginia, durante cincuenta años de ministerio. Aunque el uso de segmentos de transcripciones no es en realidad el formato más común para una obra publicada, la posibilidad de hacerlo se abordó con cuidado y de forma meticulosa.

En los últimos años, con la reedición de la literatura cristiana más antigua, algunos editores se han tomado considerables licencias a la hora de editar los escritos de grandes autores que ya partieron a la presencia del Señor. Esto parece haberse hecho con el interés de que los escritos sean más aceptables para el lector cristiano actual. La decisión de mantener estos mensajes en forma de transcripciones se debe a nuestro deseo de preservar la integridad de la doctrina y conservar incluso la unción que estuvo presente cuando estos mensajes fueron transmitidos originalmente.

Quizás la exhortación más directa para adoptar este enfoque vino de uno de los grandes pioneros del movimiento pentecostal del siglo XX, Willard Cantelon. Cantelon, que era realmente un hombre elocuente y poderoso en las Escrituras, consideraba al pastor Scott como su pastor espiritual y un querido amigo. En una carta personal a Scott, Cantelon le animaba: «Estoy seguro de que grabar sus sermones en cinta es una de las cosas más "sabias" que hace. Y saber que estos mensajes pueden transcribirse y llegar a los diferentes "niveles" de lectores en el futuro es una visión a largo plazo de lo más real». En otra carta, Cantelon continuó diciendo: «Hay algo especial en lo que se transmite "en directo" y se imprime tal como se recibe». Ciertamente, estamos de acuerdo con la perspectiva del hermano Cantelon sobre este enfoque, y por eso presentamos estas enseñanzas, oportunas y a la vez atemporales, en dicho formato.

Mientras nos preparamos para el pronto regreso de nuestro Señor y buscamos fortalecer nuestra relación con el Padre, oramos para que estas enseñanzas nos ayuden, desafíen y enriquezcan.

La justificación

Capítulo 1

La justificación por medio de Cristo

«Mas Dios muestra su amor para con nosotros, en que siendo aún pecadores, Cristo murió por nosotros. Pues mucho más, estando ya justificados en su sangre, por él seremos salvos de la ira» (Romanos 5:8-9).

El libro de Romanos nos ayudará a comprender la justificación de manera simple. «Mas Dios muestra su amor para con nosotros, en que siendo aún pecadores, Cristo murió por nosotros» (Romanos 5:8). Observemos el versículo 9: «Pues mucho más, estando ya justificados en su sangre [...]». En la frase «estando ya justificados», ¿qué quiere decir «justificados»? Significa «ser considerados justos», declarados en una correcta relación con Dios. ¿Cuándo? Ahora. ¿Cómo? Por su sangre. Esto nos salva de cualquier ira o juicio que pueda venir.

Recuerdo que, hace años, un hombre describió la justificación de esta manera: «Justificación, justo como si no hubiera pecado». Somos justificados, o justos, respecto al pecado pasado, presente y futuro. Aceptar la obra completa de Jesús permite que Dios nos impute, o ponga a nuestra cuenta, su justicia. Este acto de imputación a nuestra cuenta es sin mérito ni relación previa de nuestra parte. La relación viene después de la justificación. Esta relación se basa en el aprecio y el amor, no en la autojustificación.

Declarados legalmente justos

Jesús ha sido constituido como nuestra justicia, paz, santificación y redención para que la gloria y la excelencia sean para Dios. Todos somos legalmente justos, aunque quizá en este momento

La justificación

nuestra condición sea bastante indigna. ¿Cómo nos deshacemos de esa maldad? 1 Juan 1:9 dice que, cuando pecamos, ¿qué debemos hacer? Confesar nuestros pecados, porque él es fiel y justo para perdonarnos y limpiarnos de toda maldad. 1 Juan 1:9 libera nuestro espíritu, nos libera de la condenación y nos recuerda quiénes somos, nos recuerda nuestros derechos y nos devuelve el gozo y la paz. Hace que nuestra fe comience a levantarse otra vez.

Cuando hablamos de la justicia y de ser declarados justos ante Dios, no nos referimos a una declaración forense de la justicia. La justicia no es solo forense, no se trata únicamente de una afirmación legal de que somos justos. Es literal; no se trata solo de imputar justicia, también es impartir justicia. «Imputar» significa «poner a nuestra cuenta», mientras que «impartir» es «aplicar a nuestra vida». No es simplemente una declaración de justicia, sino un cambio moral. Comenzamos a hacer cosas que están bien, la justicia se manifiesta en los aspectos legales y literales.

La justificación es la justicia legal y literal por gracia, un favor inmerecido al que accedemos por medio de la obra redentora de Cristo. ¿Pueden ver que ni siquiera aparecemos aquí? Todo esto sucedió sin nosotros, pero es para nosotros. El poder del pecado ha sido quebrantado, el señorío de Satanás ha caído. Antes, éramos esclavos, pero hemos sido liberados. Todo esto ya ha sido pagado para ustedes y para mí, es gratis para ustedes, para mí y para toda la humanidad.

¿Pueden ver por qué, en el juicio final, nadie podrá decir: «Dios no es justo; no es justo que Joe sea condenado al infierno»? A Joe le dieron todo gratis para su salvación, pero él decidió seguir siendo el dueño de su vida. Joe eligió permanecer atado al señorío de Satanás cuando le ofrecieron el regalo gratuito de la reconciliación, la justificación y la santificación. Joe es culpable, no solo del pecado original asociado a Adán, sino también de su odio personal y rechazo a Jesucristo. Negó y menospreció la sangre de Cristo.

Entonces, podemos observar que esto se llevó a cabo completamente al margen de nosotros. Permítanme plantear otra reflexión. Pensemos más allá de la obra histórica de Jesús, en la cruz hace 2000 años, y veamos qué dicen las Escrituras. El Cordero fue inmolado «desde antes de la fundación del mundo». La intención y el corazón de Dios siempre fue que el hombre se reconciliara con él.

La ley es buena

La ley es buena y santa, no hay nada en ella que deba ser desechado. Romanos 3:31 dice: «¿Luego por la fe invalidamos la ley? En ninguna manera [...]». La fe no invalida la ley, la confirma. La palabra «establecer» en griego significa «hacer que permanezca». Romanos 7:12 declara: «De manera que la ley a la verdad es santa, y el mandamiento santo, justo y bueno». Pablo está diciendo que no podemos confiar en la ley para obtener la justificación. No somos más justos en nuestro mejor día que en nuestro peor día.

Pablo también dice en Romanos 7:12 que la ley es buena, aunque revele el pecado. Necesitamos que nuestros pecados sean revelados, necesitamos ver que sin Dios estamos desamparados. Necesitamos que la ley nos dé entendimiento de una cosa: si somos culpables de algo, somos culpables de todo. Gálatas dice que en el momento en que confiamos en la circuncisión (o en esta relación bajo la ley), Cristo ha muerto en vano. ¿Entendemos la magnitud de esta declaración? «Cristo ha muerto en vano».

No debemos temer a la ley, esta es buena, es santa y justa. En Romanos 7, vemos que tenemos grandes derechos legales en Cristo. Pablo comienza a destacar estas grandes revelaciones que dicen que

La justificación

los que han sido regenerados están vivos en el Espíritu. Entonces, la ley es espiritual. Pero el viejo hombre, el cuerpo pecaminoso, es carnal y actúa bajo el pecado. «Porque lo que hago, no lo entiendo; pues no hago lo que quiero, sino lo que aborrezco, eso hago» (Romanos 7:15). No hacemos lo que queremos, nos equivocamos.

Dos leyes

«Hallo esta ley» (Romanos 7:21). Hay muchas leyes: de la naturaleza, de la gravedad, las que rigen las ciencias y la economía. También hay una ley en el ámbito espiritual: «Así que, queriendo yo hacer el bien, hallo esta ley: que el mal está en mí» (Romanos 7:21).

Aquí hay otra ley: cuando la Palabra comienza a traernos revelación, Satanás inmediatamente intenta quitarnos la verdad (Marcos 4:15). Hemos experimentado las consecuencias de esta ley. Cuando recibimos revelación por medio de la Palabra, el Espíritu Santo la aviva en nuestro corazón y hacemos lo posible para cambiar y volver al camino. Entonces, ¿qué sucede? De repente, nos enfermamos, nuestro cuerpo está dolido por algo, enfrentamos un desastre financiero o perdemos el empleo. «Así que, queriendo yo hacer el bien, hallo esta ley: que el mal está en mí. Porque según el hombre interior, me deleito en la ley de Dios» (Romanos 7:21-22).

Acabamos de ver que la ley es buena. El hombre interior (el hombre espiritual, el renovado) se deleita en la ley de Dios. Pero también reconocemos otra ley en nuestros miembros, la que pelea contra la ley de nuestra mente y nos hace cautivos a la ley del pecado que está en nuestros miembros. Esa ley del pecado sigue existiendo en nuestros miembros. «¡Miserable de mí! ¿Quién me librará de este cuerpo de muerte?» (Romanos 7:24).

Pablo pasa por todos estos problemas para decirnos que, cuando pecamos, no somos nosotros, sino el pecado que mora en nosotros.

«¿Todo lo que has estado diciendo es verdad? ¿Dios ya no nos ve como ese viejo hombre?». Él nos ve como hombres nuevos, creados en justicia y verdadera santidad. Él nos ve como personas absolutamente puras, sin manchas. Todo pecado que hayamos cometido fue borrado, echado al mar del olvido. Estamos frente a Dios puros, santos, justificados y aceptados. Ese pecado que hemos cometido es borrado y está en la cuenta del viejo hombre. Mientras permanezcamos en Cristo, esa cuenta del viejo hombre estará completamente borrada. ¡No habrá registros de ella!

¿Cómo nos ayuda esto en el día a día? Así como nunca tuvimos que esforzarnos para ser pecadores, tampoco debemos hacer nada para ser justos. Algunas personas se preocupan mucho pensando que esto concede licencia para hacer el mal, pero el mal no está en el hombre nuevo. Cuando reconocemos que todo esto se carga a la cuenta del viejo hombre, comenzamos a darnos cuenta de que hay otra cuenta. Esta otra cuenta es el fruto de rendir nuestros miembros a la justicia. Ahora somos esclavos de la justicia, ahora el Espíritu de Dios obra en nosotros. Hemos encontrado una nueva ley: «Porque la ley del Espíritu de vida en Cristo Jesús me ha librado de la ley del pecado y de la muerte» (Romanos 8:2). ¡Aleluya! Es una ley. Si le permitimos obrar, si nos apartamos y dejamos de intentar hacer todo con nuestras propias fuerzas, producirá fruto de su especie.

El pecado es olvidado

En este caminar con el Espíritu, hay momentos en los que fallamos. Pero cuando confesamos nuestros pecados y creemos en la suficiencia de la obra terminada de Jesús, todos nuestros pecados son perdonados. Leemos en Romanos que todos nuestros pecados pasados son eliminados y olvidados. Romanos 5:8-9 dice: «Mas Dios muestra su amor para con nosotros, en que siendo aún pecadores, Cristo murió por nosotros. Pues mucho más, estando ya

La justificación

justificados en su sangre, por él seremos salvos de la ira». No hay ira ni condenación esperándonos. La sangre de Jesucristo ha quitado todas las consecuencias de cualquier pecado que hayamos cometido. El acta de los decretos que había en contra nuestra ya fue anulada. El salmo 103 contiene versículos extraordinarios que hablan de cómo nuestro pecado ha sido alejado de nosotros tanto como está lejos el oriente del occidente. Isaías 38:17 nos dice que él echó tras sus espaldas todos nuestros pecados. No tenemos derecho a intentar usurpar su autoridad y traer de vuelta lo que Dios ya ha quitado. Lo que Dios ha apartado, no tenemos autoridad para restaurarlo. No lo intentemos. Él lo ha quitado de su memoria, de su relación con nosotros. Dios nunca nos tratará como pecadores mientras permanezcamos en Cristo.

¿No les alegra que el acta de los decretos que había en contra de cada uno de nosotros ya haya sido anulada? ¿No les alegra que sus pecados hayan sido alejados de ustedes, así como el oriente está lejos del occidente? ¿No les alegra que Dios haya quitado sus pecados y los haya echado al mar del olvido? No comprendo del todo cómo un Dios omnisciente puede olvidar, pero lo hace. En griego se indica que Dios ha olvidado el pecado absoluta y completamente, pero que se reserva el derecho de recordarlo. Dios no solo perdona, también olvida por medio de la justificación, mediante la imputación de su justicia.

Justificación sin las obras de la ley

Pablo brinda algunas ilustraciones en Romanos que nos ayudan a comprender «la justificación por fe sin las obras de la ley». Él está enfrentando al núcleo establecido de judíos que habían participado en el nuevo y mejor pacto, pero que aún tenían una tendencia hacia el espíritu de los judaizantes. Rememoraban la ley ceremonial en lugar de la ley moral, y pensaban que debían seguir guardando el día de reposo, ser circuncidados y seguir todas las leyes ceremoniales que —como nos hace saber Pablo— pueden esclavizarlos si confían en ellas para obtener justificación.

Él declara en Romanos 3:26-28: «Con la mira de manifestar en este tiempo su justicia [toda esta obra era para declarar o revelar la justicia de Dios], a fin de que él sea el justo, y el que justifica al que es de la fe de Jesús. ¿Dónde, pues, está la jactancia? Queda excluida. ¿Por cuál ley? ¿Por la de las obras? No, sino por la ley de la fe. Concluimos, pues, que el hombre es justificado por fe sin las obras de la ley».

Entonces, no somos justificados por seguir las ordenanzas ceremoniales y levíticas del tipo «no toquen», «no prueben», el día de reposo, la circuncisión, etcétera. Tampoco podemos ser justificados por no matar y no cometer adulterio, porque esto ya se había cumplido gratuitamente (Romanos 3:24) por su gracia mediante la propiciación por medio de nuestra fe en la sangre de Jesús.

La justificación por fe sin las obras de la ley es «para todos los que creen en él. Porque no hay diferencia, por cuanto todos pecaron, y están destituidos de la gloria de Dios» (Romanos 3:22-23). El pasaje resalta claramente que todos los hombres necesitan esta gran obra redentora de Jesús, él pagó el precio por todos. Los que creen participan en ella. ¿Los que creen qué cosa? Que Jesús pagó el precio. Esto es algo difícil de creer. El hombre naturalmente tiende a decir: «Esto es muy bueno para ser cierto». En la vida natural, todo lo que parece muy bueno para ser cierto, realmente lo es. Pero este es un regalo sobrenatural. Todos nosotros, como partícipes, somos deudores eternos de la gracia, la misericordia y la bondad de Dios.

La justificación

Romanos 4:2-5 dice: «Porque si Abraham fue justificado por las obras, tiene de qué gloriarse, pero no para con Dios. Porque ¿qué dicen las Escrituras? Creyó Abraham a Dios, y le fue contado por justicia. Pero al que obra, no se le cuenta el salario como gracia, sino como deuda; mas al que no obra, sino cree en aquel que justifica al impío, su fe le es contada por justicia». Esta justificación por medio de la fe no es por las obras de la ley, para que nadie se gloríe. Somos llamados a esa gracia.

Justificado por las buenas obras

Según Efesios 2, ¿de qué debemos gloriarnos? ¿Cuál es la fuerza impulsora detrás de nuestras obras y buenas acciones? ¿Es una retribución hacia Dios o es adoración y acción de gracias porque el pecado ya no nos domina? ¿Creemos que somos mejores que otros que no actúan tan bien como nosotros? ¿Nos enojamos con las personas que no viven de forma tan santa como nosotros? Entonces, se ha infiltrado un pequeño sentimiento de superioridad y estamos comenzando a juzgar a otros basados en nuestras acciones.

Efesios 2:8-10 dice: «Porque por gracia sois salvos por medio de la fe; y esto no de vosotros, pues es don de Dios; no por obras, para que nadie se gloríe. Porque somos hechura suya (…)». Cualquier cosa buena que hagamos o cualquiera de nuestras obras que dé gloria a Dios, Dios la produjo en nosotros. No fuimos nosotros quienes la hicimos. «Porque Dios es el que en vosotros produce así el querer como el hacer, por su buena voluntad» (Filipenses 2:13). No hay de qué gloriarnos. Ningún buen pensamiento que hayamos tenido está separado de la gracia y la misericordia de Dios y del don de fe que él ha puesto en nosotros.

Nada de lo que elijamos hacer —aunque ciertamente podemos elegir libremente— empieza de forma independiente. Todo es obra del Espíritu Santo en nosotros. Nuestro corazón debería agradecer por ese estímulo de orar, debería adorar por ese deseo de abrir la Biblia, de estudiar y de estar en comunión con él. Pero eso no proviene de nosotros, es el Espíritu de Dios que está en nosotros. Es él quien nos guía a toda verdad. ¿Nos atribuimos el mérito por algo? ¿Nos atribuimos el mérito por decidirnos a orar? ¿Nos atribuimos el mérito por decidirnos a estudiar la Palabra? ¿Nos atribuimos el mérito por decidir dar testimonio a alguien? Somos deudores, somos hechura de Dios, creados en Cristo Jesús para buenas obras.

Las obras nunca están separadas de la relación de permanecer en Cristo. No son algo aparte, sino el resultado. Las buenas obras son el fruto natural de permanecer en él y de que él permanezca en nosotros. «Porque somos hechura suya, creados en Cristo Jesús para buenas obras, las cuales Dios preparó de antemano para que anduviésemos en ellas» (Efesios 2:10). No es que nosotros las hayamos ideado o comenzado. Dios las ordenó desde antes de la fundación del mundo. No hay nada de qué gloriarnos. Debemos dejar de jactarnos y comenzar a descansar, creyendo que Dios obrará en nosotros. La glorificación y la santificación son la voluntad eterna de Dios para cada uno de nosotros. Decimos «eterna» porque comenzó en la eternidad, desde antes de la fundación del mundo. Estamos predestinados. No estamos predestinados a ser salvos o a perdernos, sino que, según Romanos 8, estamos predestinados a ser conformados a la imagen de Jesús. ¡Estas son buenas noticias! Lo lograremos. Estamos predestinados a ser como Jesús.

La justificación por medio de Cristo

David Wilkerson dijo una vez que, para un cristiano, es trágico vivir bajo condenación cuando la sangre de Jesús es suficiente. La carga del pecado no se puede llevar más allá de la cruz. Quiero alentarlos y decirles que, en su justicia, Cristo ha pasado por alto los pecados pasados (Romanos 3:25). Su justicia pagó la deuda por todos los pecados que ustedes y yo hemos cometido alguna vez o que cometeremos en el futuro.

La justificación viene por medio de la obra culminada de Jesús. Romanos 3:24 habla de «la redención que es en Cristo Jesús». Su obra en la cruz es lo que pagó el precio del rescate de Dios. Fuimos rescatados con la sangre preciosa de Jesús. Sin ese derramamiento de sangre, no hay perdón de pecados. Él fue ese sacrificio sin mancha desde antes de la fundación del mundo.

Juan dijo: «He aquí el Cordero de Dios, que quita el pecado del mundo» (Juan 1:29). «Porque de tal manera amó Dios al mundo, que ha dado a su Hijo unigénito, para que todo aquel que en él cree, no se pierda, mas tenga vida eterna» (Juan 3:16). Estos versículos deberían darnos gozo, paz y descanso a nuestras almas. Dios ha establecido que Jesús sea nuestra propiciación. Esta es la fe: debemos creer que la vida de Jesús y su muerte sustitutoria fueron suficientes para satisfacer la justicia de Dios. «A quien Dios puso como propiciación por medio de la fe en su sangre [...]» (Romanos 3:25). Debemos creer que la suficiencia de esta obra es infinita. En Cristo, ningún hombre puede arrancarnos de su mano. Él nos da una salida en cada prueba y tentación. ¡Qué gran obra ha hecho! Ahora tenemos fe en su sangre para declarar su justicia para la expiación de los pecados pasados.

Capítulo 2

La reconciliación

«Que Dios estaba en Cristo reconciliando consigo al mundo, no tomándoles en cuenta a los hombres sus pecados, y nos encargó a nosotros la palabra de la reconciliación» (2 Corintios 5:19).

El hombre no podía participar del conocimiento del árbol del bien y del mal, pero lo hizo. Dios dijo que habría una consecuencia: «[…] el día que de él comieres, ciertamente morirás» (Génesis 2:17). Luego vino la muerte espiritual, no la física; es decir que la comunión entre Dios y el hombre quedó rota. Pero preguntémonos algo: ¿quién dio el primer paso para la reconciliación? Fue Dios.

Desde el momento en que el hombre murió espiritualmente, perdió el deseo de estar con Dios, de ser como él y de estar en su presencia. Luego de la trasgresión, Dios fue al jardín, y ¿qué hizo Adán? Se escondió. ¿Por qué? Porque estaba desnudo. Esta conciencia de la desnudez, la vergüenza, hace que el hombre se aleje de Dios. «Ya no puedo estar ante un Dios santo. Sé que soy malo y que él es bueno. Yo estoy en las tinieblas, y él es luz».

Dios dio el primer paso para la reconciliación

No hay comunión entre la luz y las tinieblas. Jesús dijo en Juan 3 que el hombre prefiere las tinieblas porque sus obras son malas. Jesús ofrece una explicación sobre por qué el hombre prefiere las tinieblas, pero eso no responde la pregunta ni resuelve el problema de la comunión rota. Dios dio el primer paso. Dios mató a los animales

La justificación

e hizo vestiduras para que el hombre se cubriera. Los teólogos llaman a la declaración que hizo en Génesis 3 «protoevangelio», o el comienzo de las buenas nuevas, el evangelio. Él dijo que la simiente de la mujer heriría a la serpiente en la cabeza. Esta fue la declaración del evangelio y de una simiente venidera. Una promesa había sido dada.

Satanás, por medio de su rebelión, engañó e hizo que perdiéramos la comunión con Dios. 2 Corintios dice: «En los cuales el dios de este siglo cegó el entendimiento de los incrédulos, para que no les resplandezca la luz del evangelio de la gloria de Cristo, el cual es la imagen de Dios» (2 Corintios 4:4). Dios dijo que llegaría el día en que el poder del diablo sería quebrantado. Esa simiente prometida era Jesucristo.

La afirmación de Génesis 3:15 declaró la reconciliación futura; Dios ya había proclamado la justificación. Él dijo: «Tengo un plan para que seas justo otra vez ante mí. Debes creerlo y moverte en la luz que te doy». Adán tuvo que ser iluminado para aceptar como suficiente la cobertura que Dios le dio. Sin embargo, la capacidad de Adán para cumplir la tarea de dominar la tierra todavía era limitada.

¿Notan que Dios no le quitó la tarea? Simplemente dijo: «Ahora lo harás con el sudor de tu frente. Aún debes ser fructífero, multiplicarte y dar una semilla piadosa, de la mejor forma posible». Ya sea que fuera Adán o Noé, fueron hombres perfectos o piadosos en su generación. El remanente con el que Dios tuvo que trabajar mostró justificación proclamando a Dios. «Estarán bien conmigo si tú, Adán, sigues caminando en obediencia con la capacidad limitada que tienes; si tú, Noé, obedeces y construyes un arca; si tú, Abrahán, ofreces a tu hijo; si tú, Moisés, proclamas esta ley».

La ley lleva a Cristo

Trabajar en nuestro buen comportamiento no es lo que nos hace justos ante Dios. Aquí comienza a desplegarse ante nosotros una comprensión profunda de la justificación. Romanos 3:19 dice: «Pero sabemos que todo lo que la ley dice, lo dice a los que están bajo la ley, para que toda boca se cierre y todo el mundo quede bajo el juicio de Dios».

El propósito y beneficio de la ley es ser una guía que señala y lleva a Cristo. La ley es buena si la usamos legítimamente. La ley hace que el mundo se dé cuenta de que es culpable ante Dios. «Ya que por las obras de la ley ningún ser humano será justificado delante de él; porque por medio de la ley es el conocimiento del pecado. Pero ahora, aparte de la ley, se ha manifestado la justicia de Dios [...]» (Romanos 3:20-21). Podemos estar en la relación correcta ante Dios sin la ley.

La perversidad del hombre debidamente definida

No hay duda de que el hombre es perverso. «Y yo sé que en mí, esto es, en mi carne, no mora el bien [...]» (Romanos 7:18). El conocimiento de Dios está en cada hombre, de modo que no tiene excusa (Romanos 1:19-20). No hay ningún hombre que pueda usar la excusa: «Bueno, nunca oí hablar de Jesús».

El hombre, en su perversidad, no tiene deseo de Dios ni entiende la provisión de Dios en Cristo. Incluso en Estados Unidos, en donde se puede oír la predicación del evangelio cada día, el hombre corrupto sigue sin entenderlo espiritualmente. Las cosas espirituales son tonterías para la mente no regenerada. La mente natural no puede recibir las cosas del Espíritu de Dios, porque le parecen locuras (1 Corintios 2:14). La perversidad hace que la verdad y la luz sean locuras. Puede oír, analizar y discutir los hechos. «Entiendo que un hombre llamado Jesús vivió hace 2000 años. Entiendo que lo colgaron de una cruz y que toda la doctrina y el mensaje del evangelio es que la obra de Jesús fue una expiación a la vista de Dios. Pero creo que es una locura, no lo creo. Lo entiendo, pero no lo acepto como verdad».

El hombre odia a Dios y no se esfuerza por buscarlo o conocerlo. Sin embargo, la voluntad sigue activa en el hombre en su estado de perversidad. El hombre fue hecho a la imagen de Dios y, aunque el hombre ha caído, su voluntad permanece. Piensen en «el conocimiento del bien y del mal». En la escala del bien al mal, hay personas «perversas buenas» y «perversas malas». Pero la voluntad de elegir si quiere ser un enemigo moral o un enemigo inmoral de Dios subsiste en el hombre no regenerado.

Es importante que comprendamos el papel de la voluntad cuando leemos en las Escrituras que la salvación es para todos, pero que se aplica a todo aquel que cree. Creo en la Palabra cuando dice: «El que tiene sed, venga». Creo que cuando Jesús dice: «Venid a mí todos los que estáis trabajados y cargados, y yo os haré descansar» (Mateo 11:28), está hablando desde la presunción de que la voluntad está allí y de que aquellos que han recibido la luz por gracia pueden, de hecho, acercarse a él por decisión propia. ¿Cómo funciona esto? Dios busca al hombre, pero el hombre no busca a Dios.

El hombre perverso tiene una opción

Hoy puedo ver la habilidad del hombre en la tecnología. Un «Imagineer» (un artista e ingeniero) de Walt Disney declaró: «Si podemos soñarlo, podemos hacerlo». El hombre se jacta de ser independiente de Dios y dice que el hombre está evolucionando y mejorando todo el tiempo. Los humanistas creen que el hombre es básicamente bueno, pero las Escrituras dejan en claro que el hombre es completamente perverso. No hay nada en mí, en mi estado humano, que sea aceptable para Dios.

El libre albedrío moral no minimiza el señorío y la soberanía de Dios. No podemos acercarnos a Dios cuando lo deseamos, podemos hacerlo cuando somos llamados. Si rechazamos sus llamados, él dejará de llamarnos. Si, en su omnisciencia, él nos ve como rebeldes constantes y eternos, entonces nos usará como una vasija destinada a destrucción. Él endurecerá nuestros corazones y nos usará para mostrar su poder. Puede que nos permita seguir en comunión en una iglesia, que nos deje convertirnos en lobos en medio de los corderos. Puede que nos permita, por medio de nuestra arrogancia, ser fariseos, para usarnos para su propia gloria. Pero la realidad es que todos los que son verdaderos hijos de Dios, lo son debido a su gracia; es por la gracia, la fe y la obra de Jesucristo. No es por algo que hayamos hecho. Dios comenzó nuestra reconciliación, porque ningún hombre puede ir a Dios salvo que el Padre lo llame. Pero el que tiene sed, venga.

No estamos predestinados al cielo o al infierno desde antes de la fundación del mundo. La expiación no está limitada a los que son elegidos. Fue un sacrificio general que ofreció a todos los hombres la posibilidad de acercarse. Pero hay un problema: la invitación fue para que «el que quiera, venga», pero la humanidad está compuesta por enemigos de Dios perversos y ciegos que andan a tientas en la oscuridad. Un error del calvinismo está en lo que creen que lleva a un hombre a elegir a Dios. El haber sido elegidos por Dios es lo que nos hace elegir a Dios. ¿Cómo afecta esto nuestra vida? Afecta cómo respondemos al evangelio, ya que el evangelio es el poder de Dios para salvación de todo el que cree (Romanos 1:16). El evangelio es lo que nos da la capacidad de ver —nos ilumina por obra del Espíritu Santo— la búsqueda de Dios y su amor por nosotros.

El evangelio ilumina

Algo sobrenatural sucede cuando se proclama el evangelio en presencia de un hombre perverso. Por eso se hace énfasis en predicar el evangelio. Por eso Pablo dijo: «Pues me propuse no saber entre vosotros cosa alguna sino a Jesucristo, y a este crucificado» (1 Corintios 2:2).

Ese mensaje lleva consigo una gracia sobrenatural que ilumina momentáneamente la mente de un hombre perverso al oírlo. Cuando se declara el evangelio, es poder de Dios para salvación. Por eso no deberíamos compartir nada más. Por eso no hay nada más que pueda salvar a un hombre. Jesús murió en la cruz por nuestros pecados. Dios levantó a Cristo de entre los muertos. Debemos tener fe en la expiación de su sangre y en su nombre.

En el momento en que alguien escucha el evangelio, por la gracia de Dios, tiene lugar un esclarecimiento sobrenatural. La gracia es un favor inmerecido, no depende de nosotros, es un regalo. Ahora tenemos la capacidad cuando antes éramos ciegos, enemigos de Dios e ignorantes que no queríamos retener el conocimiento de Dios.

Luego llegó el evangelio y, junto con él, el esclarecimiento sobrenatural. «Dios me ama y no es mi enemigo. Dios pagó el precio para que fuera reconciliado, o para que volviera a casa, para tener comunión con él. No es por algo que yo haya hecho, sino porque ha sido consumado en Jesucristo. Si elijo reemplazar mi voluntad y mi orgullo con su señorío, él me adoptará para que forme parte de la familia de Dios». Todo esto sucede por escuchar el evangelio. Recibimos luz y gracia de forma momentánea, y esto nos da la capacidad de creer con la fe que proviene de Dios.

La fe viene por el evangelio

Un hombre no regenerado y perverso no tiene fe. Pero ¿de dónde viene la fe? Romanos 10:17 dice que la fe viene por el oír, y el oír, por la Palabra de Dios. Cuando escuchamos el evangelio, ese mensaje nos da la fe para creer en la regeneración. Ese es el primer paso.

Esta es la secuencia bíblica: tras la proclamación del evangelio, se nos otorga la gracia para creer y recibir la verdad. Luego de aceptar el mensaje del evangelio, somos regenerados. Luego de la regeneración, nos arrepentimos y pasamos de ser pecadores a estar bajo el señorío de Jesucristo.

Es importante que entendamos que todo comienza con un regalo de Dios: su fe, su gracia y su obra. La regeneración es una recreación. En esta recreación el espíritu muerto del hombre vuelve a la vida. Su mente sombría se ilumina. «Ahora entiendo lo que dijiste hace cinco minutos y que no podía entender, porque mi mente fue renovada. Soy una nueva criatura, ahora puedo comprender los principios espirituales. No puedo citar todos los versículos, soy un bebé, ni siquiera he estudiado la Biblia. Puede que ni siquiera haya leído un versículo, pero ahora, porque fui recreado, soy capaz de escuchar cosas espirituales y entenderlas. Soy renovado en el espíritu de mi mente».

En el momento de la regeneración, somos iluminados. Ahora tenemos la capacidad de elegir creer y recibir lo que Dios dice sobre nosotros en lo que se refiere a la justificación. ¿Quién soy ahora en Jesucristo? Regresemos a Romanos 3, en donde dice que «para todos lo que creen en él, por cuanto todos pecaron». Acá vemos que es para aquellos que creen, pero no a su propio tiempo. No es cuando sentimos el deseo de acercarnos, sino cuando somos llamados, iluminados, y respondemos creyendo en el mensaje del evangelio. Entonces experimentamos el ser «justificados gratuitamente por su gracia, mediante la redención que es en Cristo Jesús» (Romanos 3:24).

La justicia de Dios es justa

Imaginemos al Padre, su corazón nos reconcilia. 2 Corintios 5:19 dice: «Dios estaba en Cristo reconciliando consigo al mundo, no tomándoles en cuenta a los hombres sus pecados». El Dios justo nos ama y hace todo de una forma legal para reconciliarnos consigo mismo, mientras sigue siendo justificador de los que se acercan a él por medio de Cristo. La justicia es algo importante aquí. Dios no puede simplemente decir: «Bien, todos están perdonados». Dios debe ser justo, Dios es justo. Así es él, y ese atributo no se puede negar.

Muchos que dicen ser cristianos, y muchas otras personas, apuestan que, en el último día, Dios será como un gran Santa Claus que dirá: «Bueno, los dejaré pasar». No conocen a Dios. Un hombre pecador e injusto no puede estar ante la presencia de un Dios santo.

Solo una cosa puede hacernos justos ante Dios, el sacrificio de Jesús. Para aplicarlo personalmente debemos decir: «Creo que lo que me hace justo ante Dios es lo que Jesús hizo, no el hecho de que fui a la iglesia a la mañana, tuve un tiempo de oración o porque voy a ayunar esta tarde. Lo que me hace justo ante Dios es lo que hizo Jesús, no lo que yo hago». Debemos ver a Dios como el Padre, el Dios santo. Las Escrituras dicen que es cosa horrenda caer en manos del Dios vivo (Hebreos 10:31). Este Dios inmutable es el mismo ayer, hoy y por siempre. Él es el Señor y no cambia. Fue Dios en Cristo el que reconcilió al mundo consigo mismo, para que no tuviera que imputarnos nuestras transgresiones.

Recordemos que la palabra «imputar» es un término de contabilidad. Significa que él no pondrá nuestras transgresiones a nuestra cuenta.

Jesús las pagó por completo. El acta de los decretos que había en contra de nosotros fue clavada en la cruz. Él la «anuló», dice el apóstol Pablo.

Cuando el hombre pecó, Dios se enojó. El pacto se había roto, se burlaron de Dios. Él fue olvidado y traicionado. Le quitaron su gloria y su tesoro, el hombre. Pecaron contra él. Debía haber un castigo, no solo arrepentimiento. Alguien debía pagar para arreglar esto. Bueno, ¿quién pagó? Para ser justo, Dios mismo pagó. El amor de Dios, su amor por nosotros, va más allá de lo que podamos comprender. Al ver la obra y el amor de Dios, podemos percibir la dulzura, la gracia y la hermosura de Dios, y por ello lo buscamos.

La muerte de Jesús

Romanos 5:6-8 dice que Cristo murió por los impíos y que, aún cuando éramos pecadores, Cristo murió por nosotros. Podemos alegrarnos por esto. Podemos notar que su obra comenzó cuando todavía estábamos bajo la esclavitud del pecado. Isaías 53:6 dice que Dios cargó sobre él nuestro pecado. Jesús fue nuestro substituto. A Dios le agradó herirlo, le agradó pasarle a su Hijo (el substituto) nuestros pecados, para que él nos pudiera declarar justos, santos y restaurarnos a una comunión con él. Creo que es fácil perder de vista el amor de Dios. Él amó tanto al mundo que dio a su Hijo unigénito.

En Juan 1 dice que él es el Cordero que quita el pecado del mundo. Él fue el sacrificio eterno, inmolado desde antes de la fundación del mundo. Si nos deleitamos en esto, entonces otras grandes verdades también comienzan a revelarse en las Escrituras. 2 Corintios 5:21 dice: «Al que no conoció pecado, por nosotros lo hizo pecado, para que nosotros fuésemos hechos justicia de Dios en él». Somos justificados con su justicia. Gálatas 3:13 dice: «Cristo nos redimió de la maldición de la ley, hecho por nosotros maldición». La carga comienza a levantarse y las dudas y los temores a disminuir. La alabanza comienza a brotar en nuestros corazones mientras declaramos su majestad y su amor por nosotros, que fue expresado incluso cuando aún éramos pecadores. En Tito 2:14 dice: «Quien se dio a sí mismo por nosotros para redimirnos de toda iniquidad [...]».

Aceptar el regalo de la salvación

Cuando entregamos nuestra vida, decimos: «Acepto a Jesucristo como la provisión de Dios para reconciliarme con él. Reconozco su señorío en mi vida, y la única forma en que puedo finalizar este recorrido de salvación es sometiéndome a su voluntad y señorío. Acepto el regalo. No puedo hacer nada por mi cuenta». Cuando una persona da esos pasos, el resultado es el esclarecimiento y la búsqueda de la santidad de Dios. El recorrido ha comenzado. Pero habiendo comenzado en el Espíritu, ¿cómo puede engañarse pensando que se perfeccionará en la carne?

Si nunca han recibido el regalo de la salvación, el amor de Dios por ustedes expresado por el sacrificio de Jesús en la cruz (para ser hecho pecado con nuestro pecado y para que nosotros seamos hechos justos con su justicia), entonces acéptenlo ahora. Como el Padre por medio de su Espíritu atrae nuestro corazón para que muera a sí mismo, ríndanse ante el señorío de Jesucristo y acepten el regalo de Dios por medio de Cristo. Tomen la decisión en este momento. ¡Sean libres del poder de Satanás y del pecado!

Capítulo 3
La redención

«En quien tenemos redención por su sangre, el perdón de pecados según las riquezas de su gracia» (Efesios 1:7).

La redención es algo fundamental de esto que llamamos salvación. Recordemos que, antes de que creyéramos, ocurrió algo que hizo posible la salvación para nosotros. Fuimos libres, no por lo que creímos, sino por lo que Jesús hizo. Su redención —es decir, nuestro «rescate»—, fue gracias a la venida de Jesús, a su sacrificio y al precio que pagó para redimirnos.

No fuimos secuestrados, nosotros huimos. En el proceso de huir a los brazos de Satanás, fuimos tomados cautivos, esclavizados y puestos legalmente bajo el poderío de Satanás, el dios de este mundo. Entonces, teníamos que ser redimidos, rescatados.

En la ley levítica, si el toro de alguien corneaba y mataba a otra persona, el dueño del toro podía recibir la pena de muerte por su negligencia en el cuidado adecuado de su bestia. Pero se permitía una provisión redentora por la cual podían pagar para redimir su vida. Este era un proceso de readquisición.

El hombre estaba bajo el poder de Satanás, pero la muerte de Jesús en la cruz lo compró nuevamente del poder de Satanás y de otro poder, el del pecado. El poder del pecado está en los miembros del hombre no regenerado y lo mantiene cautivo, le niega la capacidad de buscar a Dios o de creer en él. Por medio del rescate de Dios, la vida de Jesús, el hombre puede ser redimido de ese poder.

El hecho de que Jesús pagó el precio no nos da esclarecimiento al instante. Ese esclarecimiento viene por medio de la proclamación específica del evangelio. Pero el precio fue pagado: es para todos los hombres. Cada hombre tendrá la oportunidad de aceptarlo o rechazarlo. Nadie tiene excusa.

Ningún hombre tiene la capacidad de salvarse a sí mismo o de buscar a Dios por su cuenta. La transición de todo lo que hicimos en nuestro estado depravado a nuestro actual caminar con el Espíritu es iniciada por el Espíritu Santo. Es un regalo y es gracia. Podemos elegir aceptarlo o rechazarlo basados en el esclarecimiento que viene cuando nos predican el evangelio, pero no viene por nuestras obras. Somos justificados, declarados justos libremente por su gracia, no por nuestras obras.

La justicia como trapo de inmundicia

La Biblia dice que lo mejor que un hombre puede producir con su propia fuerza es como un trapo de inmundicia ante Dios. Estos trapos de inmundicia eran como las vendas que envolvían a los leprosos. Romanos 3:10 dice: «Como está escrito: No hay justo, ni aun uno».

Pablo continúa y dice: «No hay quien entienda». Ninguna mente natural puede entender. La Biblia dice que una persona con mentalidad natural no es regenerada. No hablo sobre aquellos hermanos y hermanas espirituales que han nacido de nuevo. Puede que no hayan tenido tiempo para memorizar las Escrituras, pero están hambrientos (buscan el conocimiento espiritual y la vida), y responden de forma positiva a las cuestiones espirituales.

Pero la mente carnal y no regenerada está enemistada con Dios, porque no puede recibir las cosas del Espíritu de Dios (Romanos 8:7). Las cosas espirituales le parecen locuras debido a su condición. «No hay quien entienda, no hay quien busque a Dios» (Romanos 3:11). Esto también se aplica a nuestra vida de regeneración. No podemos atribuirnos mérito alguno por haber buscado a Dios. Es Dios quien obra en nosotros tanto el querer como el hacer, por su buena voluntad.

¿Lo creemos? ¿Creemos que Dios tiene la capacidad de guardar lo que le hemos encomendado hasta ese día? El que comenzó la obra en nosotros, la perfeccionará. Confiar en nuestra propia justicia es igual a cuando Abrahán y Sara intentaban tener un hijo cuando eran ancianos. Estamos muertos en nuestra propia capacidad de obtener justicia. «En mí, esto es, en mi carne, no mora el bien [...]» (Romanos 7:18). Toda nuestra justicia es como un trapo de inmundicia. Todos hemos pecado y estamos destituidos de la gloria de Dios.

¡Miserable de mí!

El espíritu está dispuesto, pero la carne es débil. «En mi corazón soy bueno, solo que mi carne es carnal; está bajo el pecado. No hay nada bueno en ella. ¿Por qué debería tratar de restringirla?». Porque no debe dominarnos, dice la Biblia. Aceptar al viejo hombre y darle licencia para pecar era la visión de los gnósticos en los días de Pablo. Pero Pablo abordó eso preguntando: «¿Perseveraremos en el pecado para que la gracia abunde? En ninguna manera. Porque los que hemos muerto al pecado, ¿cómo viviremos aún en él?» (Romanos 6:1-2). No hay placer en el pecado. «¡De ninguna manera!». ¿La ley se hizo muerte para nosotros? En absoluto. Fue la ley la que nos reveló nuestra esclavitud con el pecado y nuestra necesidad de libertad. Ahora nos deleitamos en ella.

La justificación

El Espíritu dice por medio de Pablo: «[Me encuentro en esta posición]. Porque lo que hago, no lo entiendo; pues no hago lo que quiero, sino lo que aborrezco, eso hago» (Romanos 7:15). Pablo sigue para aclarar: «Y si lo que no quiero, esto hago, apruebo que la ley es buena. [Su conciencia está de acuerdo con la Palabra de Dios]. De manera que ya no soy yo quien hace aquello, sino el pecado que mora en mí» (versículos 16-17).

¿En dónde mora? En los miembros, en el viejo hombre. «Y yo sé que en mí, esto es, en mi carne, no mora el bien; porque el querer el bien está en mí, pero no el hacerlo» (Romanos 7:18). Acá, Pablo nos enseña que la verdadera bondad no se encuentra en el hombre natural. No está ahí. Pueden intentar los métodos que quieran, pero no saldrá ninguna bondad de ese viejo hombre. Él se levantará y te llevará a hacer, a pensar y a decir cosas que aborreces. ¡Qué problema!

Pablo sigue en el versículo 24 y responde el dilema cuando clama: «¡Miserable de mí! ¿quién me librará de este cuerpo de muerte? Porque no hago el bien que quiero, sino el mal que no quiero, eso hago. Y si hago lo que no quiero, ya no lo hago yo, sino el pecado que mora en mí». El Apóstol una vez más nos repite esa verdad. ¿Qué quería lograr con esta repetición?

Algunos hombres enseñan hoy que no puede haber rastros de pecado en ustedes. Presten atención, el pecado no fue exterminado de su vida. Las Escrituras son muy claras respecto a que el viejo hombre sigue influyendo en ustedes diariamente. Si pensamos que el viejo hombre no nos influye, entonces la fuente del pecado en nuestra vida debe ser otra. Fuimos comprados por un precio, redimidos por el Señor, justificados, y estamos en el proceso de ser santificados. La ley se ha cumplido por medio de Jesús. Entonces, cuando pecamos, no somos nosotros, es el viejo hombre.

Gratitud por el regalo

¿No es maravilloso comprender completamente el perdón de nuestros pecados y saber que somos justos ante Dios? De eso se trata en realidad la justicia. Como sus hijos, estamos en una posición correcta ante Dios. «Mirad cuál amor nos ha dado el Padre, para que seamos llamados hijos de Dios» (1 Juan 3:1). El Padre nos amó mientras éramos pecadores. En nuestro peor momento, nos amó, nos buscó y nos compró. Hizo un pacto para decir que nunca nos dejará ni nos desamparará. Sin duda no se basa en méritos, porque fuimos comprados, amados y redimidos mientras estábamos en nuestro peor momento.

Mientras esperamos y avanzamos en esta obra de gracia en nuestra vida, tenemos la responsabilidad de proclamar el regalo que hemos recibido. ¡Despertemos este regalo en nuestra vida, esta relación! No nos permitamos perder ese primer amor. Satanás nos atrapó bajo el poder del pecado. Como dijo el apóstol Pablo: «En mí, esto es, en mi carne, no mora el bien». Aun cuando el pecado seguía dominando nuestra vida, Jesús nos amó, murió por nosotros y pagó el precio con su sangre.

Debemos seguir alentando la gratitud en nuestro corazón por esa obra consumada. Observemos lo que Dios ha hecho en esa obra de justificación, declarándonos como justicia de Dios: «Al que no conoció pecado, por nosotros lo hizo pecado, para que nosotros fuésemos hechos justicia de Dios en él» (2 Corintios 5:21). ¡Qué gran obra! Qué gran responsabilidad tenemos al ver a lo que fuimos llamados. Él nos compró de nuevo del poder del pecado para que pudiéramos proclamar su justicia. No olvidemos esto. Necesitamos darnos cuenta de lo bendecidos que somos.

Debemos reconocer este regalo que se nos ha dado y aceptarlo. No tenemos la capacidad de pagar por él, porque nada en nosotros es

La justificación

aceptable para Dios. «Todas nuestras justicias [son] como trapo de inmundicia» (Isaías 64:6). Somos deudores ante Dios en todo tiempo, nuestro corazón debería estar lleno de gratitud. Aunque no podemos devolverle nada a Dios, podemos vivir con rectitud para él, y nuestra santificación le expresa gratitud por su don gratuito. Vivir una vida dedicada y apartada para Dios, separada del mundo, no es un intento de apaciguar a Dios o de pagarle. En cambio, es la expresión de nuestra adoración y agradecimiento por este regalo indescriptible que él nos ha dado desde que nos compró con su sangre.

Alegrémonos por el perdón de pecados

Nuestra gloria en el Señor —por nuestra redención, santificación y justicia— proviene de Dios, jamás procederá de nosotros mismos. Frases como «en él» y «en Cristo» se usan más de ciento cincuenta veces en el Nuevo Testamento. Todo ha sido cumplido en él. 1 Corintios 1:30-31 dice: «Mas por él estáis vosotros en Cristo Jesús, el cual nos ha sido hecho por Dios sabiduría, justificación, santificación y redención; para que, como está escrito: El que se gloría, gloríese en el Señor». ¿Cómo podríamos desanimarnos por lo que Dios está haciendo en nuestra vida, si nuestra justicia ya fue declarada hecha, aceptable y consumada?

Si nos alejamos de esta relación, si lo negamos, si no confiamos ni creemos en su obra culminada, el juicio recaerá sobre nosotros. Desde el momento en que reconocemos que hemos trasgredido, que el pecado ha tomado el control y se ha evidenciado en nuestra vida, el Espíritu que mora en nosotros nos convencerá de ese pecado. Reconoceremos, reaccionaremos y odiaremos ese pecado. Comenzaremos a odiar aquello que amábamos. Despreciaremos aquello que nos hacía deleitarnos por salirnos con la nuestra. Somos nueva criatura, esa es la nueva naturaleza en nosotros. Pero no es que no volveremos a pecar. Antes nos deleitábamos en el pecado, ahora lo aborrecemos.

Es una actitud del corazón. Podemos estar alegres por lo que Dios ha hecho. Miqueas 7:19 nos dice que Dios ha echado nuestro pecado al mar del olvido, y que nunca lo recordará. Isaías evoca esto en el capítulo 43, versículo 25, que concuerda con Colosenses 2:14: «Anulando el acta de los decretos que había contra nosotros, que nos era contraria, quitándola de en medio y clavándola en la cruz». Nuestro pecado fue olvidado.

Esto no hace otra cosa que despertar vida, adoración y gratitud en nuestro interior por la bondad de Dios. ¿Cómo podríamos no alabar a Dios después de leer ese versículo? ¿Cómo podríamos comprender esta gran verdad del Espíritu Santo que mora en nosotros, y que no broten ríos de agua viva al declarar: «¡Consumado es! ¡Aleluya! La sangre de Jesús es suficiente»? El Cordero de Dios, sacrificado desde antes de la fundación del mundo, nos ha redimido. Dios nos amó y envió a su Hijo para morir por nosotros. Él quiere que seamos justo delante de él. Ese es el factor de propiciación.

La justicia de Dios fue satisfecha. Su santidad demanda ira contra el pecado. Así es él. Es su carácter. Él puede responder al pecado de una manera: con ira, juicio y aniquilación, porque el pecado no puede permanecer en su reino santo. En el cielo nuevo y la tierra nueva en la que estaremos dentro de poco tiempo, no habrá rastro ni evidencia del pecado o de lo que ha producido. En nosotros debe haber un celo por la santidad, un celo por nuestro Dios santo quien puso nuestro pecado sobre su Hijo. 2 Corintios 5:21 dice: «Al que no conoció pecado, por nosotros lo hizo pecado, para que nosotros fuésemos hechos justicia de Dios en él». Somos partícipes de su santidad.

La justificación

Yo diría que no hay lugar para el desaliento en nuestra vida, que nunca deberíamos estar en una posición de ingratitud. Hemos recibido un regalo indescriptible, lleno de gloria. Somos los redimidos del Señor. Sin embargo, seguimos viviendo en un mundo impuro y corrupto, y tenemos un cuerpo contaminado. Ese cuerpo todavía no fue glorificado ni inmortalizado. Todavía tenemos lo que Pablo llama «cuerpo de pecado», y seguimos viviendo en un mundo pecador. Pero se nos exhorta a caminar y vivir en el Espíritu.

Redimidos por la sangre de Jesús

Las Escrituras son claras en Efesios 1:7: «[En Cristo] tenemos redención por su sangre, el perdón de pecados según las riquezas de su gracia». No somos perdonados porque lo merezcamos, sino porque Dios es misericordioso y nos ama. La gracia es un favor inmerecido. Dios nos eligió desde antes de la fundación del mundo para darnos redención por medio de la gracia. Recordemos qué es la redención: es el pago de un rescate, es comprarnos de nuevo. Satanás nos había capturado, nos tenía cautivos y bajo el tormento del pecado. Luego, Jesús, por medio de su sangre derramada y de su muerte, nos compró de nuevo. Antes éramos esclavos bajo el señorío del rey de las tinieblas, ahora ya no somos dueños de nuestras vidas, sino que fuimos comprados por un precio, la sangre preciosa de Jesús. No solo fuimos librados del poder de Satanás, fuimos comprados de nuevo para ser parte del reino de luz.

Ya no nos pertenecemos, y nuestra vida no es nuestra para vivirla como queramos. Ahora somos representantes del cuerpo de Cristo. En Tito 2:14, el Apóstol nos recuerda la gran obra que se realizó y el propósito de la redención: «Quien se dio a sí mismo por nosotros para redimirnos de toda iniquidad y purificar para sí [me encanta esta parte] un pueblo propio [...]».

Capítulo 4
No hay condenación

«Ahora, pues, ninguna condenación hay para los que están en Cristo Jesús [...]» (Romanos 8:1).

Estaba leyendo *Dearly beloved* de David Wikerson. En este libro él expresa que hay algo que entristece el corazón de Dios, y es cuando quienes confesamos a Cristo y hemos sido perdonados de nuestros pecados seguimos viviendo en temor e incredulidad. Él habla sobre el dolor del corazón de Dios. Dios ha hecho tanto por darnos redención. Nosotros no lo buscamos, él nos buscó. «Gracia preveniente» significa que Dios fue el primero en ofrecer gracia. Él está detrás de todo y él comienza todo lo que esté relacionado con nuestra redención. Dios siempre nos está buscando para nuestro bien. ¡Es maravilloso! Él nos persigue para derramar su favor sobre nosotros. Él siempre está un paso adelantado, incluso cuando no lo notamos. Dios tiene un plan, y él ordena los pasos del hombre bueno.

David Wilkerson continúa diciendo que él quiere que aquellos que reciben el perdón de Dios conozcan todos los beneficios de caminar en paz, no en condenación. Él dijo: «Hablo de aquellos que tuvieron convicción de sus pecados, conocieron el dolor piadoso por sus transgresiones, testificaron que han sido perdonados; pero que, en realidad, no pueden descansar ni disfrutar lo que viene de entender realmente la justificación por medio de la regeneración. [Y esta es una frase a la que quisiera que se aferren]. La carga del pecado, los recuerdos y fantasmas de pecados pasados, no deben llevarse más allá de la cruz». Piensen en eso.

La justificación

El acusador de los hermanos

¿Han tenido alguna vez un día malo en el que han tenido dos pensamientos malos? ¿Han caído tan bajo? ¿Y dos acciones malas? En el mismo día, ¿fueron poco amables con las palabras o las acciones? Puede que hasta incluso —¡es impensable!— se hayan elegido a ustedes por sobre otra persona ese día. ¿Han tenido alguna vez esos días malos? Cuando nosotros, habiendo sido redimidos por la sangre del Cordero, pecamos, a menudo al final del día el enemigo comienza a enumerar esas ofensas en nuestra contra. En esos momentos, debemos actuar en la revelación de Colosenses 2:14: «Anulando el acta de los decretos que había contra nosotros, que nos era contraria, quitándola de en medio y clavándola en la cruz».

Si hemos sido sepultados con él en el bautismo y resucitados con él por medio de la fe en la obra de Dios, entonces ya no estamos muertos en nuestros pecados. Él nos da vida en Cristo y ha perdonado todas nuestras trasgresiones. El trabajo de Satanás es recordarnos nuestro pasado, que pensemos que, como hay un pasado y un patrón, seguimos siendo ese mismo hombre. Pero no es así. Algo de aliento para nosotros: no tenemos derecho ni autoridad a volver a traer aquello que Dios ya ha desechado. No es nuestro derecho desenterrar eso y sacarlo a la luz. Dios lo enterró. Gocémonos en la plenitud de la obra consumada de Jesús.

Hace algunos días, salí a caminar y oraba mientras disfrutaba de la presencia de Dios. De la nada, un pensamiento de un pecado que había cometido cuando tenía ocho años se apoderó de mi mente. ¿Les ha pasado algo así alguna vez? Un pensamiento aparece en sus mentes e, inmediatamente, los derriba. Sin embargo, de la nada, junto con él vienen otros pensamientos de diferentes situaciones de sus vidas, y el enemigo intenta condenarlos: «Bueno, recuerda cuando sucedió esto, esta acción, esta actitud, cuando dijiste estas palabras, cuando este pensamiento codicioso se apoderó de tu corazón». Ya fuera que ansiaban tener algo o una posición o poder, todas esas cosas desagradables siguen estando en sus miembros. Sé que no estoy solo, porque el apóstol Pablo tuvo los mismos problemas.

En Romanos 5, Pablo dice: «Justificados, pues, por la fe, tenemos paz para con Dios [...]» (Romanos 5:1). ¿Estamos en paz con Dios en este momento? ¿Estaríamos más en paz si hubiéramos orado quince minutos más hoy? Todos luchamos contra la crisis en nuestra mente, pero cuando comprendemos el principio de justificación, tenemos paz con Dios. El tormento no se quedará con nosotros. No le demos lugar al acusador de los hermanos. No somos juzgados por nuestro rendimiento, sino por creer en la obra consumada de Jesucristo, eso es todo. Eso es lo que trae paz con Dios, no que oremos quince minutos más. La paz viene de saber que somos justificados por Dios, que estamos en la posición correcta ante él y que ya no hay cuestionamientos.

Por lo tanto, no hay condenación

En Romanos 7, Pablo está en conflicto en su corazón y mente. Él hace una pregunta que seguramente cada uno de nosotros se cuestiona con regularidad —y que seguro volvemos a ella en varias ocasiones, mientras intentamos andar en el Espíritu en la vida—: «¿Seré libre del pecado alguna vez?». Hace poco hablé con una persona y, mientras me abría su corazón, dijo: «Pastor, sé que amo a Dios y sé que estoy en la relación correcta ante él. Pero a veces hay cosas que hago y que no debería hacer, incluso pensamientos malos. No entiendo qué está mal. Y me pregunto a mí mismo de dónde vinieron esas cosas. Los cristianos no piensan así. A veces hasta dudo de si fui salvo».

La justificación

La buena noticia que quiero compartirles es que somos libres, ¡alabado sea Dios! Tengamos esto presente en nuestro corazón. En Romanos 8 dice: «Ahora, pues, ninguna condenación [...]» (versículo 1). No hay nada en nuestra contra. Recordemos que, a pesar de cualquier dardo ardiente que el enemigo nos quiera lanzar o de cualquier condenación que intentemos poner sobre nuestros hombros, nuestra deuda ha sido borrada por completo, el acta de los decretos que había en nuestra contra ha sido anulada (Colosenses 2:14). Cuando el enemigo quiera que sintamos lástima, recordemos que «no hay ninguna condenación para los que están en Cristo Jesús».

Eso es vivir por fe. Si no entendemos que nuestra justicia está solo en Cristo, que nuestras obras no tienen nada que ver con esto, entonces Satanás seguirá teniendo acceso a nuestro corazón y mente. Él nos hará confundir y tener dudas y temor, para que no podamos hacer lo que Pablo dice en Filipenses 4:4: «Regocijaos en el Señor siempre. Otra vez digo: ¡Regocijaos!».

El pecado no se enseñoreará de ustedes

En Romanos 7:18, Pablo reconoce que no hay nada bueno en él. Dice: «Y yo sé que en mí, esto es, en mi carne, no mora el bien; porque el querer el bien está en mí, pero no el hacerlo». Estaba buscando en el lugar equivocado, dentro suyo. Pablo era un fariseo muy entusiasta. Era un hombre autosuficiente y disciplinado. Obviamente tenía una personalidad del tipo A. Todas las cosas que impulsaban a Pablo (las virtudes, todo lo que era preciado y estimado, pero que luego consideró basura) son lo que estaba buscando para su siguiente victoria. Buscaba cómo librarse de la acusación que vendría sobre él: «¿Por qué no mejoras? Si eres una nueva criatura, ¿por qué no cambiaron las cosas?».

El pecado nunca se alejará de nuestros miembros. Estará allí por el resto de nuestra vida, pero no podemos darle crédito. Romanos 6:14 dice: «Porque el pecado no se enseñoreará de vosotros». Eso quiere decir que no será el ganador de esta batalla en la que estamos. No ganará. Estemos seguros, no ganará. Somos la justicia de Dios en Jesucristo.

Cuando abunda la iniquidad, debemos confiar en que podemos acceder a Dios. Sus oídos están abiertos al clamor de los justos. «Pero yo no me siento muy justo». Quizá hoy hayamos pecado o estado de mal humor. Quizás nos vimos envueltos en algo que no deberíamos haber hecho o pensado. No importa cómo nos sintamos o lo que podamos haber hecho que no haya agradado al Padre, somos la justicia de Dios en Jesucristo, y los oídos del Padre están atentos a nuestro clamor. No estaremos firmes hasta que estemos persuadidos por completo de que nuestra justicia está en Cristo.

Es importante notarlo y decir: «Este comportamiento pecaminoso no soy yo, es el viejo hombre. Este no es mi interés ni mi deseo. Este pecado no tiene influencia en mí. El pecado no me dominará, ¡alabado sea Dios!». No estamos pidiendo que nuestros miembros sean libres del pecado; en cambio, proclamamos lo que Dios dijo: tendremos dominio sobre el pecado y no permitiremos que controle nuestra vida. Es liberador saber que Dios mismo, en Jesús, fue hecho pecado con el pecado nuestro para que podamos ser la justicia de Dios en Cristo. Esta revelación debe cambiar nuestra vida de oración, nuestra vida de santidad y nuestra percepción. Hará que podamos derribar las fortalezas más rápidamente, porque no nos relacionamos con ellas para nada.

Debemos esforzarnos por cambiar nuestra conversación y nuestra confesión. Confesar que somos la justicia de Dios en Jesucristo ante

Satanás, ante nuestras fallas y ante cualquier acusación. Nada debería desviarnos de eso. Adoptemos este nuevo hábito, confesémoslo cada día. Lo primero que hago en la mañana es confesar que soy justificado libremente por la gracia de Dios.

Debemos cambiar nuestra actitud para ejemplificar una única dependencia en Cristo y en su obra para declararnos justos y justificados. «Reconozco que hay pecado, este siempre estará en mis miembros, pero no reconozco su dominio. Aunque soy el mayor de los pecadores, donde abunda el pecado, sobreabunda la gracia».

Justicia en Cristo

Dejemos de juzgarnos por nuestras acciones, y comencemos a ver quiénes somos en Cristo Jesús. 2 Corintios 5:17 dice: «De modo que si alguno está en Cristo, nueva criatura es [...]». Puede que haya cosas en nuestra vida que no cambien tan rápido como nos gustaría, pero ese no es el problema. ¿Estamos «en Cristo»?

«De modo que si alguno está en Cristo, nueva criatura es; las cosas viejas pasaron [...]». ¿Qué cosas viejas pasaron? «Bueno, ya no maldigo. Mi temperamento no es tan malo como antes. Ya no bebo, no fornico. No soy tan ambicioso como antes». Esas no son las cosas viejas de las que habla el pasaje. «Las cosas viejas que pasaron» son el dominio de nuestra vida y la dependencia en nosotros mismos. Todas esas cosas de la carne que solían ser parte de nosotros, que nos dominaban, han sido vencidas, han sido limpiadas y eliminadas por la sangre de Jesús.

Lo nuevo, y más importante, es que Jesús ahora es el Señor, no nosotros. Eso es algo para entusiasmarse. «No solo cambiaron mis metas, sino que también puedo darle un nuevo sentido a mi vida». Sí, los hábitos y comportamientos cambiaron, pero, lo que es más importante, es la justicia en la que confiamos. «Al que no conoció pecado, por nosotros lo hizo pecado, para que nosotros fuésemos hechos justicia de Dios en él» (2 Corintios 5:21). Confiemos en quiénes somos en él, no en lo que hicimos o no hicimos esta mañana. Nuestra justicia está en él.

Ya no peco yo

Al observar los distintos aspectos de la vida en el Espíritu en Romanos 8, tendremos un tiempo de meditación y descanso por medio de las promesas de Dios. En Romanos 7:17, Pablo comienza a mostrar la diferencia entre quién era antes de ser justo en Cristo y el poder del pecado que sigue obrando en su vida. Él dice: «Estas pruebas, estas fallas, no soy yo. Es el pecado que mora en mí». Esto no es una salida rápida. Pablo no intenta, como muchos en la sociedad hoy en día, mostrarse como víctima. Él habla sobre una verdadera fuerza poderosa que vive dentro de cada uno de nosotros. Incluso después de ser redimidos, las veinticuatro horas del día, los siete días de la semana, el poder del pecado está en conflicto con la justicia de Dios, la Palabra de Dios y la persona de Dios que obra en nosotros. Pero no podemos pensar que eso es quienes somos.

«Y yo sé que en mí, esto es, en mi carne, no mora el bien; porque el querer el bien está en mí, pero no el hacerlo [no puedo hacerlo ahora, estoy luchando conmigo mismo]» (Romanos 7:18). Pablo se estaba acercando a una nueva revelación. De todas las veces que hemos leído Romanos 7, ¿alguna vez nos preguntamos qué le pasaba a Pablo? Esta es la primera vez que alguien experimenta algo así. Estas son verdades que se revelan en la vida del Apóstol por primera vez, él lo vivió antes que nosotros, él es quien está luchando con todo este conflicto y haciéndose preguntas como: «¿Cómo puedo todavía encontrarme envuelto en estas actividades carnales?».

La justificación

En el versículo 20, Pablo llega a esta conclusión: «Ya no lo hago yo, sino el pecado que mora en mí». Es el pecado que mora en nosotros; nosotros no somos así en realidad. Sí, eso es lo que hicimos, pero no es lo que nos define. Somos nuevas creaciones en Cristo. El amado nos ha aceptado. Somos la justicia de Dios en Jesucristo. Esa acción, una vez que confesamos los pecados y nos arrepentimos, ya no está en nuestra cuenta.

El dolor de Dios por el pecado

Una cosa es que confesemos la Palabra de Dios y sus promesas, algo que nos piden las Escrituras que hagamos. Podemos hacer cuantas confesiones queramos y citar toda la teología, pero si no estamos en Cristo, si el Espíritu de Dios no mora en nosotros, entonces no somos hijos de Dios y seguimos bajo la condenación y la ira de Dios.

¿Cómo nos damos cuenta de la diferencia? Cuando pecamos, ¿nos sentimos bien, como antes? «Vaya, los superé esa vez. Engañé a ese hombre y me llevé la mejor parte». ¿Eso nos hace sentir bien? Quizás somos astutos en los negocios o simplemente tenemos un corazón avaro, que siempre quiere llevarse lo mejor. La Biblia llama a esto «peso falso» (Proverbios 11:1) ¿Eso nos hace sentir bien o inmediatamente penetra en nuestro corazón hasta que clamamos: «Dios, perdóname. Lo odio. Ya no quiero identificarme con eso, quítalo de mi vida, dame una tristeza piadosa. Permite que me niegue firmemente a ese pecado. Permíteme hacer las cosas bien»? Ese tipo de respuesta indica que el Espíritu de Dios mora en nosotros y que somos hijos del Dios vivo.

Otra forma de explicarlo es esta: si no hemos sido regenerados, ¿nos preocuparía saber en dónde se originó un pensamiento dado? Romanos dice que el hombre perverso, o el hombre que no fue regenerado, no solo hace estas cosas malvadas, sino que hacerlo le causa placer. El enemigo nos condenará y dirá que ni siquiera somos cristianos debido a ese pensamiento malvado. Pero el hecho de que nos preocupe ese pensamiento malvado, es prueba de que hemos sido regenerados y de que nos ocupan las cosas espirituales. Lo revelador es cómo respondemos al pecado, no lo comprometidos que estamos con el pecado. ¿Nos resulta fácil pecar? ¿Justificamos nuestro pecado? ¿Ponemos excusas para la carne? Si es así, entonces vamos por el camino de la reincidencia.

Si tenemos malos pensamientos, comentemos un pecado y luego pensamos que un castigo nos hará estar en la relación correcta ante Dios, entonces debemos ser católicos romanos. Puede que no corramos y le digamos al sacerdote: «Padre, perdóneme, he pecado», y que el consejo sea: «Repite doce avemarías y algunos padrenuestros». Quizás no hagamos precisamente esto, pero tal vez nos disponemos a hacer algo «espiritual» como castigo para obtener de vuelta nuestra justicia. Pero no se trata de eso, debemos romper ese hábito.

No dije que nuestro «arrepentimiento» deba disminuir, sino que debe cesar nuestro «castigo». Debe haber arrepentimiento: un alejamiento de ese comportamiento, remordimiento, aborrecimiento del pecado y una tristeza piadosa. Pero no podemos pagar para eliminar el pecado, Jesús no necesita morir otra vez y nosotros no tenemos que ayudarlo y pagar el precio con un castigo. Ya estamos en la relación correcta con Dios.

Deleite en la ley de Dios

¿Qué sucede en la vida de un hombre espiritual que peca? Romanos 7 dice que el pecado está en nuestros miembros. «No soy yo, sino el pecado que mora en mí». «Eso me asusta, porque un hombre puede adoptar determinada doctrina y enloquecer». Sí,

La justificación

un individuo carnal podría, pero una persona espiritual no. Una persona espiritual no abusará de eso de ninguna manera porque no quiere pecar. Romanos 7 no da una licencia para la carne, da paz para el que es fiel: «¿Perseveraremos en el pecado para que la gracia abunde? En ninguna manera. Porque los que hemos muerto al pecado, ¿cómo viviremos aún en él?» (Romanos 6:1-2).

«Porque la ley del Espíritu de vida en Cristo Jesús me ha librado de la ley del pecado y de la muerte. Porque lo que era imposible para la ley, por cuanto era débil por la carne, Dios, enviando a su Hijo en semejanza de carne de pecado y a causa del pecado, condenó al pecado en la carne» (Romanos 8:2-3). ¡Alabado sea Dios! ¿Qué nos dice esto? Que no necesitamos vivir una vida perfecta en la carne, porque alguien ya lo hizo: Jesús. Él pagó el precio y cumplió la ley. Dios nos ha imputado el registro perfecto de Jesús: nos ve, en cuanto a desempeño, como perfectos; no solo posicionalmente o en un sentido forense, sino literalmente justos por la fe en Jesucristo. Cuando Dios nos mira, ve a Jesús. De eso se trata la redención.

En Romanos 7:22, Pablo notó una diferencia: «Porque según el hombre interior [o el hombre espiritual], me deleito en la ley de Dios». Esa es la clave. ¿Hallamos deleite en agradar a Dios, en ser justos, compasivos y amables? ¿Nos deleitamos y nos gloriamos del fruto del espíritu? ¿Eso es lo que anhelamos? Nuestra respuesta indica si estamos viviendo en el Espíritu o si estamos muertos en la carne.

«Pero veo otra ley en mis miembros [...] la ley del pecado». Luego clama: «¡Miserable de mí! ¿quién me librará de este cuerpo de muerte? Gracias doy a Dios, por Jesucristo Señor nuestro. Así que, yo mismo con la mente sirvo a la ley de Dios, mas con la carne a la ley del pecado» (Romanos 7:23-25). La mente, el alma y el espíritu se deleitan en la bondad de Dios.

Aceptados en el Amado

A medida que empezamos a comprender al hombre nuevo en Cristo Jesús, vemos cuán completa es su redención. «Ya que por las obras de la ley ningún ser humano será justificado delante de él; porque por medio de la ley es el conocimiento del pecado. Pero ahora, aparte de la ley, se ha manifestado la justicia de Dios, testificada por la ley y por los profetas; la justicia de Dios por medio de la fe en Jesucristo, para todos los que creen en él. Porque no hay diferencia» (Romanos 3:20-22).

Está lista para los que creen y es para todos. ¿Lo creeremos? ¿Al fin lo resolveremos de una vez por todas y diremos: «¿Sabes? Soy aceptado en el Amado. Soy la justicia de Dios en Jesucristo. Ya no viviré en condenación»?

Padre, te damos gracias por tu bondad. Oramos por paz por cada vida que lea estas palabras. Te pedimos que nos concedas salir con plena confianza en nuestra condición de hijos tuyos y que comprendamos que el pecado no tendrá la victoria final. Tú considerarás que el pecado no tiene poder sobre nosotros: habita en nosotros, pero no nos domina; se manifiesta, pero es limpiado y descartado por medio de su confesión y por nuestra fe en la sangre de Jesucristo. Padre, te adoramos por todo eso. Te damos toda la gloria, en el nombre de Jesús. Amén.

Capítulo 5

No es por obras

«Pero al que obra, no se le cuenta el salario como gracia, sino como deuda» (Romanos 4:4).

No sé ustedes, pero yo tengo la tendencia a querer pagarle a Dios. ¿No les pasa? Me causa problemas recibir algo a cambio de nada. Me gustaría decir que la raíz de eso es la diligencia y el carácter, pero en realidad, es el orgullo.

El legalismo es buscar obras de obediencia para ganar la justicia. No considera que la obediencia sea la consecuencia de la justicia. Si elegimos el legalismo, declaramos que la muerte de Jesús fue innecesaria. ¡Eso es muy malo! Lamentablemente, podemos tener la tendencia a pensar que aquellos que rechazan a Cristo son «morales» o «inmorales», pero ambos nos maldecirán.

Cuando hablo de «legalismo» me refiero a confiar en hacer el bien para ganar la salvación. Hacer buenas obras porque fuimos regenerados no es legalismo. Si alguien que dice: «Oro, estudio y cumplo los mandamientos, pero confío en Cristo», está haciendo lo que se supone que debe hacer. Eso no es legalismo, es obediencia. Cuando cumplimos los mandamientos, no lo hacemos para ser justos, sino porque somos justos. ¿En qué confiamos? ¿En qué confiamos para recibir la salvación y justificación?

Somos justificados gratuitamente, no por una causa o mérito. Nada en nosotros hará que Dios nos busque. ¡No estamos en un sorteo!

Dios nos buscó y nos presentó el gran regalo de la redención. Romanos 3:22 dice: «[…] para todos los que creen en él».

El desempeño no satisface a Dios

En los últimos treinta años, he tenido días muy malos, vergonzosos y desastrosos espiritualmente. Pero no estaba en una mejor relación con Dios en el mejor día que he tenido que en el peor. Cuando entendemos esto, somos libres para correr siempre a la luz. Seremos libres, en los tiempos de derrota, para refugiarnos en el amor, la gracia y la justicia de Dios. Allí seremos limpios, desempolvados y lavados con el agua de la Palabra, y restaurados para tener comunión con él.

La sangre de Jesús nos limpiará continuamente de nuestros pecados. No tendremos desempeños perfectos, pero seremos perfectos en la relación, basados en nuestro entendimiento de la justificación. Si pensamos que nuestra relación con Dios está basada en nuestro desempeño en lugar de nuestra fe, Satanás tendrá la ventaja para condenarnos. Satanás quiere que estemos de acuerdo con él y que dejemos la carrera. Él nos dirá: «¿Cuál es el punto? Si fueras cristiano, no actuarías así. Ni siquiera eres salvo. ¿Por qué no renuncias?». Luego de este estudio, podremos apaciguar la guerra que solemos tener con el enemigo.

Entendemos que nuestro desempeño no tiene nada que ver con que estemos bien ante Dios. Él nos ve como justos por medio de la sangre de Jesucristo. Es un hecho, ya está consumado. Decir algo más sería reprochar la sangre de Jesucristo y declarar que él murió en vano. Así de importante es. ¿Notan por qué me preocupa que se inclinen hacia el legalismo? Existe una tendencia a pensar que está bien confiar en la carne cuando hacemos cosas buenas, pero no cuando hacemos cosas malas. Pero no podemos confiar en la carne

La justificación

de ninguna manera, porque la justicia en nuestro mejor día es como trapos de inmundicia a la vista de Dios.

«¿Puedo estar del todo bien con Dios sin hacer nada?». Eso afirma la Palabra. «¿Hasta en mis peores días? Tengo algunos días bastante malos». Pablo también. Él escribe sobre sí mismo en 1 Timoteo: «Mi vida fue un ejemplo para ustedes. Soy el mayor de los pecadores. Pasé por todo esto para que aprendan y se instruyan». Habla un hombre que confiaba en sus propias capacidades y que, en su fervor, persiguió a la Iglesia. Él dice que sus buenas obras ahora son consecuencia de la obra de Jesucristo y no un desempeño para ganar la satisfacción y la conciliación de Dios.

Debemos buscar maneras de agradar a Dios, no de aplacarlo. No le podemos pagar. Es una expresión de adoración y gratitud, un fervor para lograr sus obras para que, como dice Mateo, «los hombres vean sus buenas obras y glorifiquen al Padre que están en el cielo» (Mateo 5:16). Quería tomar un momento para reflexionar en la obra redentora y en la gratitud que deberíamos tener por ella. La gracia obra en nosotros para que hagamos buenas obras, no para aplacar a Dios, sino porque somos justificados únicamente por la fe en la obra terminada de Jesucristo.

No confíen en las obras

«Pero al que obra, no se le cuenta el salario como gracia, sino como deuda» (Romanos 4:3). ¿Notamos lo importante que es esto? Si confiamos en nuestras obras, hacemos que Dios sea nuestro deudor: «Yo he hecho esto, así que tú me lo debes, Dios». Pero hay un llamado mayor en nuestra vida: al hombre que cree en aquel que justifica, su fe le es contada por justicia. ¿Cuánto nos atreveríamos a creer que Dios ha obrado a nuestro favor? Esta justificación se evidencia o manifiesta en una vida justa. Prolonga la obediencia a la ley que no puede justificarnos. Es una justicia de una vez y para siempre.

Permanecemos no por el desempeño, sino por la gracia. Estamos en paz con Dios por medio de la obra de Jesús, por medio de quien tenemos acceso por la fe a su gracia en la que estamos. ¿Qué es la gracia? Es un favor inmerecido. Tenemos el favor de Dios, lo merezcamos o no, debido a la obra de Jesús. Si comenzamos a menospreciarnos por nuestro desempeño, ¿qué habremos hecho? Habremos comenzado a negar la gracia de Dios, habremos dejado de profesar, de creer y de confiar en la obra de Jesús.

Aunque tal vez hayamos pecado, eso no define nuestro estilo de vida. Ese pecado no hace que no seamos regenerados. Comprendemos que, de una vez por todas, estamos en la relación correcta ante Dios. La justicia, las buenas obras y el comportamiento justo vienen de la adoración, no de la obligación o de un deseo por tener mérito. Ahora mismo, somos la justicia de Dios en Jesucristo, comprados para permanecer justificados en su presencia. Nada nos apartará de su mano.

Trabajamos duro por vivir una vida justa y santificada, pasamos horas estudiando y orando; hacemos cosas buenas para servir a otros, para amar a otros, para cuidarnos unos por otros y estar unidos para formar el cuerpo de Cristo. Pero todo eso es en vano si nuestra confianza descansa en esto. Nuestro deseo de ser santificados y de finalmente recibir la promesa de ser justos como él se cumplirá cuando él venga a buscarnos. Pero en la búsqueda por conocer a Dios y por ser como él, algo debe pasar: debemos morir como Abraham. Finalmente, debemos darnos cuenta de que en nosotros no hay capacidad para ser justificados.

La justificación

Las personas que tienen la tendencia a una mentalidad de obras dirán: «Bueno, ¿sabes qué pasará? Esto les dará a las personas licencia para hacer lo que quieran». No, les da libertad para adorar y dar gracias a Dios por medio de buenas obras y obediencia, a medida que se convierten en obra suya. «Justificados, pues, por la fe, tenemos paz para con Dios [...]» (Romanos 5:1). ¿Tenemos paz? Una vez que aceptamos y comprendimos la doctrina de la justificación, tenemos paz. Incluso cuando hacemos algo mal, seguimos en paz con Dios.

Estar en paz no significa que no tenemos responsabilidades. Si chocamos un auto en un estacionamiento y ¡bum!, lo rompemos, ¿diríamos: «Bueno, realmente tengo paz. ¡Aleluya! Soy justificado, mi idiotez está bajo la sangre de Jesús»? ¿No nos alegra que la Biblia hable de la restitución? Cuando actuamos en contra de la ley de Dios, no recurrimos a la ley para recuperar nuestra justicia, pero la ley es santa, justa y buena. No ha sido abolida, se ha cumplido. Ahora, no estamos obligados a devolverle el dinero al dueño del auto; sin embargo, le pagamos. Lo hacemos porque queremos enmendar nuestro error, porque Dios nos ha perdonado libremente. Como hemos sido aceptados y bendecidos voluntariamente, queremos bendecir a los que nos rodean, queremos que todo lo que tocan nuestras manos sea correcto y justo. Esa es la diferencia.

Fe contada por justicia

Si tenemos fe en su justicia y provisión, entonces no podemos también confiar en nuestra propia capacidad, nuestras obras o nuestra justicia. Romanos 4:5 dice: «Mas al que no obra, sino cree en aquel que justifica al impío, su fe le es contada por justicia». Recordemos qué es la fe: «Es, pues, la fe la certeza de lo que se espera, la convicción de lo que no se ve» (Hebreos 11:1). La palabra «fe» significa «dependencia o confianza». Si dependemos o confiamos

No es por obras

plenamente en la obra de Jesús, ¿cómo podemos confiar en nuestras propias obras? Pero, al confiar en él, esa fe nos es contada por justicia.

Romanos 4:16-17 dice: «Por tanto, es por fe, para que sea por gracia, a fin de que la promesa sea firme para toda su descendencia; no solamente para la que es de la ley, sino también para la que es de la fe de Abraham, el cual es padre de todos nosotros (como está escrito: Te he puesto por padre de muchas gentes) delante de Dios, a quien creyó [...]».

Notemos esto: «Dios [...] el cual da vida a los muertos, y llama las cosas que no son, como si fuesen. Él creyó en esperanza contra esperanza [...]» (Romanos 4:17-18). Estos pasajes se han usado para enseñar cómo obtener autos nuevos, cómo ser sanos y cómo echar fuera demonios. Pero el pasaje no trata de esto. Estos versículos se refieren a cómo debemos acercarnos a Dios en cuanto a nuestra relación con él y a nuestra comprensión de la justificación.

Confiar en nuestra propia justicia o en la mentalidad de las obras de guardar la ley es inútil. Pablo nos muestra algo hermoso en la vida de Abrahán. Si captamos el espíritu de ello, traerá libertad a nuestra vida: «Él creyó en esperanza contra esperanza, para llegar a ser padre de muchas gentes, conforme a lo que se le había dicho: Así será tu descendencia. Y no se debilitó en la fe al considerar su cuerpo, que estaba ya como muerto (siendo de casi cien años), o la esterilidad de la matriz de Sara. Tampoco dudó [de la justificación, de la justicia], por incredulidad, de la promesa de Dios, sino que se fortaleció en fe, dando gloria a Dios [por lo que se lograría, aunque todavía no se había manifestado], plenamente convencido de que era también poderoso para hacer todo lo que había prometido» (Romanos 4:18-21).

La justificación

Los judíos siempre se refirieron a Abrahán como su padre, así que Pablo comenzó a responder sus preguntas incluso antes de que ellos las hicieran. «¿Qué, pues, diremos que halló Abraham, nuestro padre según la carne? Porque si Abraham fue justificado por las obras [podría publicar unos recortes de prensa muy buenos y tener un gran boletín; podría tener un programa de televisión, "Abraham presenta cómo caminar en justicia"; si Abraham confiara en estas cosas según la carne], tiene de qué gloriarse, pero no para con Dios. Porque ¿qué dicen las Escrituras? Creyó Abraham a Dios, y le fue contado por justicia» (Romanos 4:1-3).

Quiero señalar la palabra «contado». A veces surge junto con otra palabra: «imputado». Se imputó justicia en Abrahán (se puso a su cuenta) porque él creyó en Dios. «Pero al que obra, no se le cuenta el salario como gracia, sino como deuda» (Romanos 4:4). Si creemos que la justicia viene por las obras, entonces consideramos que Dios es nuestro deudor. «Tengo un buen desempeño, me debes la salvación». Eso no es fe y tampoco es el corazón de un hijo de Dios.

Fe en la obra culminada de Jesús

Cuando finalmente nos damos cuenta de que no podemos hacerlo, la fe verdadera comienza a manifestarse y comenzamos a tener esperanza. La palabra «esperanza» significa «expectativa favorable». Comenzamos a tener esperanza contra esperanza, nos damos cuenta de que no podemos hacerlo, pero que él puede hacerlo a través de nosotros. ¿Cuál es la diferencia? La diferencia es que Dios es el objeto de nuestra fe. La fe no es el objeto de nuestra fe. El objeto no es si podemos memorizar suficientes versículos y aplicarlos de forma adecuada. La obra culminada de Jesús es el objeto de nuestra fe.

Comenzamos a ser fuertes cuando comprendemos lo débiles que somos. Eso es lo que Pablo intenta transmitirnos. Él dice que

Abrahán no era débil en la fe porque se dio cuenta de lo débil que era en la carne. Cuanto más fuertes nos creemos en nuestra propia capacidad, más débiles somos en la fe.

Podemos empezar a tener fe en nuestro esmero o en las fórmulas de santidad que hemos tramado con los años. «No fumamos ni mascamos tabaco y no salimos con chicas que hagan eso». Podemos definir la santidad como seguir diferentes reglas y leyes, como el largo que debe tener un vestido o si se puede usar maquillaje. Pero, si confiamos en esas leyes para nuestra santidad, solo somos pecadores con falda larga.

Somos libres de confiar en la obra culminada de Jesucristo. Romanos 4:23-25 dice: «Y no solamente con respecto a él se escribió que le fue contada, sino también con respecto a nosotros a quienes ha de ser contada, esto es, a los que creemos en el que levantó de los muertos a Jesús, Señor nuestro, el cual fue entregado por nuestras transgresiones, y resucitado para nuestra justificación». La justificación está completa en la obra de Jesús, por la sangre de Jesús (la propiciación por medio de la fe en su sangre). Ahora podemos ver la otra parte del mensaje del evangelio: la resurrección.

En Romanos 6:5, Pablo dice que podemos ser crucificados con él y resucitados con él. El pecado ya no tiene poder, así que, desde ahora, no debemos servir al pecado. Pero es por medio de la fe o la confianza en la resurrección. ¿Qué estamos buscando? La obra culminada, la glorificación. Esa es la obra culminada.

Romanos 5:17 dice algo interesante: «Pues si por la transgresión de uno solo reinó la muerte, mucho más reinarán en vida por uno solo, Jesucristo, los que reciben la abundancia de la gracia y del don de la justicia». A través de la ofensa de Adán, vino el juicio sobre la humanidad y dio como resultado la condenación y la maldición.

La justificación

Aun así, por la obra culminada de Jesús, todos los hombres tuvieron el regalo de la justificación. Adán nos hizo pecadores, pero Jesús, si creemos en él, nos hará justos. ¿Qué elegimos?

Las Escrituras dicen que él vino para que tengamos vida y vida en abundancia. Parte de esa vida abundante es que no vaguemos en condenación todo el tiempo, que no nos culpemos diciendo: «Debí haber hecho esto. Podría haberlo hecho mejor». Por supuesto, podríamos, pero el Padre los ama. Somos aceptados en Cristo Jesús, pero no por nuestras obras. Él no le pone una nota a nuestro desempeño de cada día: «Bueno, hoy tendrás un siete». Todos los días son un diez en Cristo. Debemos celebrar y alegrarnos por eso. Debemos jactarnos de eso entre nosotros y entender que hemos sido justificados gratuitamente.

Si vamos a los registros, al acta de los decretos, veremos que ha sido borrada. No hay ningún registro de nuestro pecado. La sangre de Jesús los ha eliminado, los echó al mar del olvido de Dios, sin causa ni mérito. Hemos sido declarados justos por la gracia de Dios, y tenemos favor inmerecido por medio de la redención que es en Cristo Jesús.

No deseo que se conviertan en teólogos, sino en cristianos. Lo que necesitamos es aplicar estos principios en nuestro diario vivir, no solo almacenarlos en nuestra mente. No deberíamos preocuparnos por si podemos repetir toda esta información, sino por recibir la iluminación de estos principios hasta que, de pronto, cobren vida en nuestro interior. Eso es lo que se necesita. En eso está nuestra seguridad de salvación. Esta seguridad trae paz, hace que dejemos de trabajar para ganar la justicia, que comencemos a caminar en el Espíritu, lo que nos libera de las obras de la carne. Hay muchos cristianos que hacen lo contrario: intentan liberarse de las obras de la carne para poder caminar en el Espíritu. Nuestra salvación es completa por medio de la obra redentora en Cristo, a quien Dios inició y consagró para ser una «propiciación» (es decir, «conciliación o satisfacción») por nuestro pecado.

La obra culminada

No somos más justos en nuestro mejor día que en nuestro peor día. Como él nos amó aun siendo pecadores, ¿cuánto más nos amará ahora que hemos sido reconciliados? Él comprende cómo somos, que somos polvo. Él entiende nuestra necesidad de glorificación.

El mundo está aturdido, esperando el día final de redención. Estos cuerpos físicos esperan el día de la liberación. Somos justificados por medio de su resurrección, así que tenemos la seguridad de un cuerpo nuevo. Uno de estos días, seremos vestidos con un nuevo cuerpo que no tiene pecados. La corrupción se enfrentará a la pureza, la muerte a la inmortalidad. Veremos a Cristo y seremos como él.

A veces parece desalentador, ¿verdad? Pero tenemos esperanza contra esperanza. Seremos fuertes en la fe si no dudamos de las promesas de Dios. Cuando el enemigo diga en contra de nosotros: «Nunca mostrarás la imagen de Jesús»; respondámosle: «Es cierto, no hay esperanza en lo que puedo hacer, pero mi esperanza está en la obra culminada según las promesas de Jesús». Así que es por fe y no por obras. Creemos que Jesús pagó el precio completo y, por lo tanto, Dios está complacido y satisfecho.

Capítulo 6

La santificación

«Porque los que hemos muerto al pecado, ¿cómo viviremos aún en él?» (Romanos 6:2).

Un hombre no es justificado por las obras de la ley. En su caminar con el Espíritu, hay momentos en que no cumplirán la ley, y momentos en que pecarán. ¿Eso hace que ya no estemos bien con Dios? ¿Dejamos de tener comunión con Dios desde el momento en que pecamos? La respuesta es no. Como hombre regenerado, la transgresión en nuestra vida no quiebra al instante nuestra comunión con Dios ni hace que él nos rechace. Seguimos estando en la relación correcta con Dios por medio de su declaración de justicia, pero necesitamos arrepentirnos. Un hombre regenerado se arrepentirá cuando peque, porque el pecado ya no puede dominarlo. Como dice en Romanos 6:2: «Porque los que hemos muerto al pecado, ¿cómo viviremos aún en él?». Las Escrituras dicen que el hombre regenerado no vive en el pecado. Esto es parte del proceso de santificación.

La santificación es un proceso eterno

Para algunos cristianos, la santificación puede opacar la justificación cuando intentan ser santificados por medio de las buenas obras. Pero la santificación es un proceso de justificación. Esta tiene dos aspectos: consagración y limpieza (o purificación). Estas palabras se pueden usar indistintamente, aplican a los cristianos y significan que uno está apartado exclusivamente para Dios.

La santificación tiene otro aspecto. No solo significa ser apartado, sino también implica un proceso de limpieza o purificación. Por ejemplo, los utensilios santificados del templo o del tabernáculo que no se podían usar para otros propósitos. No podían usar el candelero del tabernáculo para salir e iluminar otra parte. Estaba consagrado, santificado, para un solo uso. El uso del candelabro para iluminar el tabernáculo era un elemento de su santificación. Su limpieza y purificación por medio de los sacerdotes era otro aspecto. Siempre se hizo énfasis en la «purificación», pero si comprendemos lo que significa la consagración, la parte de la purificación no será tan conflictiva, porque no contaminaremos lo que ha sido consagrado y apartado para Dios.

La santificación es un proceso y una consecuencia de la justificación. Uso con cuidado esas palabras y de forma precisa por una razón, porque la santificación se inició en el momento de la regeneración. No fuimos regenerados y luego, años después, santificados. Fuimos santificados en el punto de la regeneración y declarados justos. Pero debemos recordar que hay dos aspectos que hacen a la santificación. En la regeneración, fuimos creados nuevamente como una nueva criatura. La santificación puso límites para que fuéramos apartados para Dios. Es un proceso, seguiremos siendo santificados y limpiados constantemente. No podemos ser totalmente como él, porque seguimos estando formados por la carne. El proceso de lidiar con el pecado que habita en nuestros miembros tomará toda una vida de santificación, una limpieza perpetua.

Sean santos

Hemos oído el mandamiento: «Sed santos, porque yo soy santo» (1 Pedro 1:16). No es una sugerencia, sino una expectativa. Dios espera que caminemos en integridad moral. La santidad implica moralidad, es decir, integridad moral y pureza. Dios espera eso. La palabra «santo» significa «ser separado». No podemos alcanzar la santidad trascendental de Dios, es infinita. Jesús representa la santidad y la pureza, ese Cordero de Dios puro pudo llevar nuestros pecados, para satisfacer la justicia de Dios, para proclamarnos santos en esta vida finita y temporal. Pero se espera santidad, porque esta es separación. 2 Corintios 6:17 dice: «Salid de en medio de ellos, y apartaos, dice el Señor, y no toquéis lo inmundo; y yo os recibiré».

La exhortación es: «Salgan, apártense». La sangre de Dios ha comprado eso para nosotros. ¿Cómo nos atrevemos a pisotearla y a no aprovechar el precio que ha pagado? Él nos ha dado todas las cosas que conciernen a la vida y a la piedad. Si pensamos: «Es demasiado, es muy difícil. No quiero trabajar tanto para ser santo», entonces estamos pensando en la dirección equivocada. No es ningún esfuerzo, porque esto ya fue hecho, es algo que recibimos por gracia y fe. Se nos imputa, ya se ha puesto a nuestra cuenta.

Es como si alguien depositara mucho dinero en nuestra cuenta bancaria, y nosotros dijéramos: «No soy digno de escribir un cheque en esa cuenta». Bueno, tal vez no lo seamos, pero yo voy a girar ese cheque igual, ¡apártense! Puedo llevarte por delante cuando intento salir a buscar un banco abierto o un cajero automático que acepte cheques. Tengo derechos. Quiero lo que me pertenece, estoy cansado de ofender a mi Padre viviendo por debajo de lo que esa sangre me dio. Cuando comprendemos que no es por las obras que hemos hecho, el temor a no terminar la carrera se disipa. Ya está culminado en Cristo.

Purificación: neguemos nuestra carne

Debemos purificar nuestra alma obedeciendo la Palabra y renovando nuestra mente. Cuanto más de la Palabra leemos, más fácil es lograrlo. Se vuelve un hábito. Ya no se considera el pecado en la conversación. Ya no hay un proceso de decisiones porque eso es lo que generalmente hacemos.

Debemos negar continuamente al viejo hombre por medio de las promesas de nuestra regeneración, para que el pecado ya no nos domine. La táctica de Satanás en este último tiempo es sobrecargarnos e intentar que volvamos a llevar algunas de nuestras cargas. Cuando los pensamientos del hombre eran continuamente malos, según el libro de Jueces, todo hombre hacía lo que consideraba correcto (Jueces 21:25). No había limitaciones en el desenfrenado espíritu de desorden. Nuestro entorno se volvería peor que nunca; se acerca un tiempo que será aún más grave que las condiciones de Sodoma y Gomorra.

Si reconocemos que el viejo hombre sigue vivo en nosotros, la seducción de dar libertad a la carne terminará por vencernos. Seguro que pecamos con frecuencia (gracias a Dios por 1 Juan 1:9), pero el pecado no debe dominarnos. Los alentaré con algo: cuando demos nuestro último aliento, si es en fe en la obra culminada de Jesucristo, el pecado no vencerá. En definitiva, el pecado no tiene dominio y no podrá separarnos del amor de Dios que es en Cristo Jesús.

«Consideraos muertos al pecado», dice Romanos 6:11. Levantarnos cada día y reconocer que nuestro yo ha muerto, significa ponerlo a su cuenta y repetirnos una y otra vez quiénes somos en Jesucristo hasta que se vuelva parte de nuestra naturaleza. «Cuando hago o digo algo pecaminoso, me siento mal». Dirijámonos a nuestra carne y digámosle: «Oh, así que despertaste, ¿eh?». Ya no somos ese hombre. Pablo hace una declaración sorprendente en Romanos: es el pecado que está actuando en nosotros de esa manera, no somos nosotros. «Ese no soy yo; es el pecado en mí. Ese no soy yo; lo odio. No le daré lugar. El pecado no permanecerá. Lo derribo. Me resisto a él.

La justificación

Está muerto. Estoy vivo en Jesucristo y a quien me entrego como siervo para obedecer, a él obedeceré». Ahí es donde comprendemos quién tiene el señorío sobre nosotros. Recordemos: ningún hombre busca a Dios. El mismo hecho de que estemos buscando a Dios muestra que somos salvos, redimidos y espiritualmente vivos. La mente natural no puede recibir las cosas del Espíritu de Dios. El hecho de que estemos recibiendo revelación significa que Dios todavía nos está hablando.

Dejemos a un lado las cargas, el temor y toda la preocupación por el pecado. Su poder ha sido quebrantado. La muerte espiritual ha vencido por medio de la resurrección de Jesús. «Y si el Espíritu de aquel que levantó de los muertos a Jesús mora en vosotros, el que levantó de los muertos a Cristo Jesús vivificará también vuestros cuerpos mortales» (Romanos 8:11). Eso incluye no solo la sanidad espiritual, sino también la santificación y nuestra futura resurrección. Esto es fascinante: «Porque también Cristo padeció una sola vez por los pecados, el justo por los injustos, para llevarnos a Dios [...]» (1 Pedro 3:18). Él murió una vez para todos, ya se terminó.

Fe en la cruz

La fe es saber que no podemos hacer nada para ser más aceptables para Dios. La fe no es esperanza. La fe no es algo que se logra en el futuro. La fe es dependencia pasajera, seguridad y confianza de que Dios ha tratado nuestros pecados y no está enojado. «Pero ¿qué sucede cuando realmente estoy santificado y santo y el mundo tiene menos poder sobre mí?» ¡Alabado sea Dios! A eso fuimos llamados, pero eso no nos hace más aceptables. No hace que Dios nos ame más. Nos hace un poco más eficaces para darle la gloria a él y para la proclamación del evangelio. Pero la santificación es la expresión de nuestra gratitud, de nuestro amor por el regalo de nuestro rescate y redención. Seamos agradecidos no solo por aquello de lo que hemos sido rescatados, sino también por lo que se nos ha concedido: la adopción como hijos y el amor, la relación y la paz con Dios.

Ya no debemos intentar seguir las leyes como consecuencia del pecado. Cumplimos la ley porque perseguimos la hermosura del Señor. Es una forma para conocerlo mejor, porque nos damos cuenta de su obra consumada. Él es esa propiciación, esa conciliación, esa satisfacción. ¿Es individual? Él dijo que era para todos los hombres. Es para «todo el que quiera» y para los que creen que lo que él hizo en la cruz es suficiente. ¿Qué añadiremos a la sangre o a la vida sin pecado de Jesús para satisfacer a Dios? ¿Qué añadiremos a lo que Dios dijo que era suficiente desde antes de la fundación del mundo?

No se trata de su sangre y la circuncisión. Ese fue el problema con los judaizantes del primer siglo. No se trata de su sangre y el ascetismo. Se trata de la fe en su sangre. El precio fue pagado, Dios está satisfecho y ya fue hecho. ¿Lo creemos? Si es así, entonces es contado para su justicia: lo que él hizo se pone en nuestra cuenta. Nuestra cuenta declara y pronuncia su justicia. La sangre de toros y cabras no podría. Ninguna otra persona podría. Solo el Cordero sin pecado y sin mancha. Se debía apaciguar a un Dios santo con un sacrificio santo. ¿Esa no era la tipología en las ordenanzas de levítico? Un cordero presentado como ofrenda no debía tener ningún defecto. Dios declaró la justicia de Jesús para la remisión (el perdón) de los pecados pasados.

Cómo nos relacionamos con Dios está basado en nuestra fe en su obra de redención culminada, y determinará cuán victoriosos somos diariamente. Ya no somos trasgresores que intentan ganar el favor de Dios, somos hijos de Dios que tenemos su favor y que sabemos que el pecado no prevalecerá. No pensemos en esto como

La justificación

si fuéramos convictos que fueron liberados bajo palabra. Éramos culpables, pero fuimos declarados inocentes por la obra de otro. Lo que vemos aquí es que los pecados pasados han sido perdonados por la misericordia, la clemencia y la paciencia de Dios. «Con la mira de manifestar en este tiempo su justicia, a fin de que él sea el justo, y el que justifica al que es de la fe de Jesús» (Romanos 3:26).

Debieron pasar dos cosas: Dios tuvo que permanecer justo mientras era agente de justificación. Él quería declararnos justos mientras éramos pecadores, pero no podía hacerlo. Jesús vino y complació a Dios con su justicia. Dios dijo: «Si aceptan por fe como algo satisfactorio lo que Jesús hizo, lo pondré a su cuenta para que, legal y literalmente, ya no sean culpables a mis ojos. No estoy solamente ignorando su pecado; en cuanto a mí, nunca sucedió». ¡Qué buena noticia! Somos legalmente buenos ante Dios si confiamos en la obra de Jesús. Somos declarados justos e inocentes en lo que respecta a la reconciliación. Somos hechos hijos de Dios, herederos y coherederos con Cristo Jesús.

Recurramos a la gracia por fe para rendir nuestros miembros. No podemos entregar nuestros miembros por voluntad propia. Es por gracia y fe que podemos ofrecerlos como instrumentos para la justicia. «[…] Mayor es el que está en vosotros, que el que está en el mundo» (1 Juan 4:4). Romanos 6:14 dice: «Porque el pecado no se enseñoreará de vosotros; pues no estáis bajo la ley, sino bajo la gracia». Si aceptamos esta redención, si hemos aceptado la obra consumada de Cristo, ya no estamos bajo la ley o la ira de Dios. Ya no hay condenación si caminamos con Jesús.

Superar el pecado

Cuando pecamos, hay un problema mayor. Nuestro pecado es perdonado, pero todavía hay que lidiar con él. Aquí hay tres definiciones

La santificación

bíblicas del pecado: «Toda la injusticia es pecado» (1 Juan 5:17); «Al que sabe hacer lo bueno, y no lo hace, le es pecado» (Santiago 4:17) y «el pecado es infracción de la ley» (1 Juan 3:4).

El pecado mantiene al hombre cautivo, lo envía a una condenación eterna. Pero no es el adulterio, la fornicación, el asesinato o la embriaguez lo que lo llevará allí. Estas son consecuencias y frutos de vidas que se rebelan al señorío de Jesús, son consecuencias de negar el regalo de la reconciliación. Si rechazamos a Jesús, Dios nos rechazará. Juan dice claramente en el capítulo 16 que la obra del Espíritu Santo es venir, reprender y convencer al mundo «del pecado, por cuanto no creen en [Jesús]».

Me gustaría que tomáramos la palabra «pecado» e insertáramos la frase «voluntad propia» en su lugar, porque eso es realmente lo que es. Todo hombre peca cuando es arrastrado por su propia lujuria, voluntad propia, autocomplacencia, egoísmo, su «yo», el ego. Como dijo Lucifer: «Ascenderé [por encima del trono del Altísimo]». Al avanzar hacia una vida de santificación, nos encontraremos continuamente bajo condenación. El propósito de la ley es revelar el pecado. La ley no nos hace justos, la ley nos dice que hemos fallado. La gracia, en cambio, nos dice que somos la justicia de Dios en Jesucristo. El favor inmerecido, la gracia, sigue diciéndonos que él nos ha permitido y nos ha dado su fe para que podamos creer y participar de su gracia.

Desde el principio, estábamos predestinados a ser formados a la imagen de Jesús. Dejemos de preocuparnos por eso. Dejemos de esforzarnos. Solo conozcámoslo y comprendamos el amor que tiene por nosotros. Él no se dará por vencido. Cuando nos equivoquemos, acerquémonos a él y confesemos nuestros pecados. Él es fiel y justo para perdonarnos y limpiarnos de toda maldad. ¿Debemos pecar

La justificación

para que la gracia abunde? «¡En ninguna manera!», dice Pablo. ¿Cómo viviremos quienes hemos sido comprados por la sangre de Jesús y estamos muertos al pecado? (Romanos 6:2-3). No me refiero a vivir una vida desordenada y lasciva. El hombre que nace de nuevo no puede hacer eso, porque ha sido creado para hacer buenas obras. Pero no deben preocuparse por las buenas obras.

A veces, podemos exagerar ante el pecado por culpa del acusador de los hermanos. En lugar de exagerar y de rendirnos, o de volver a una mentalidad de obras, demos un paso atrás y hagamos lo que dicen las Escrituras: reconozcámonos (considerémonos) muertos al pecado. Digamos: «Diablo, ganaste esa vez, pero ya no tienes dominio sobre mí. Dios no me dejará ni me desamparará, ¡alabado sea Dios! El que comenzó la obra en mí la completará. Lo que le he confiado, él lo guardará para aquel día». Luego, sigamos con nuestro día.

Creamos que tendremos justificación en nuestra vida, justificación «tal como si» nunca hubiéramos pecado. Fue echado al mar del olvido de Dios. Si Dios lo ha olvidado, ¿por qué nos castigamos con eso el resto del día? ¿Por qué deberíamos hacer dos o tres horas de castigo católico? El catolicismo se basa en obras, castigo: deben pagarlo. Pero no hay un pago. En cambio, hay un reconocimiento de su obra consumada. Las Escrituras dicen que no es por obras, para que nadie se gloríe (Efesios 2:9).

Es maravilloso cuando comenzamos a servirle a él porque lo amamos, y no porque debemos satisfacerlo. Nunca podremos vivir una vida santificada hasta el punto de agradar a Dios hasta que comprendamos totalmente nuestra justificación en él, hasta que finalmente nos conformemos con la verdad de que nuestra aceptación está en el Amado. Hasta entonces, continuaremos recurriendo a las obras y a la condenación. Puede que haya un día en el que no nos sintamos satisfechos y entonces pequemos sintiendo descontento y desaliento. Debemos comprender algo: el desaliento, en el camino de nuestra santificación, es pecado. El momento en que nos desalentamos, hemos minimizado el efecto de la sangre de Jesús y el hecho de que nuestra santificación está en Cristo.

Fruto que permanece

¿No les alegra estar fuera de la condenación y del juicio? ¿No les alegra que pueden caminar hacia la presencia de Dios con total valentía? No debemos vivir nuestra vida ante el Dios santo caminando con miedo. Tenemos derecho de estar allí. No hablo de arrogancia, hablo de una relación con el «Abba Padre». Él nos ama. Él abrió un camino para nosotros y pagó para que nos acercáramos y clamáramos: «Santo, santo, santo es el Señor Dios todopoderoso» (Apocalipsis 4:8). Este proceso de santificación nos llevará a nuestra glorificación. La glorificación está cerca. No pasará mucho tiempo, y dejaremos este cuerpo e iremos a casa.

Padre, te agradecemos por tu Palabra. Te pedimos que sigas revelándote a nosotros, que nos hagas ver lo débil, frágil e impotentes que son Satanás y el pecado en nuestra vida si seguimos reconociendo como nuestra tu obra y su suficiencia. Danos la revelación, Padre. Haznos entender para que podamos producir fruto que permanezca, y para que la gloria y la excelencia te pertenezcan a ti, Padre. Gracias por eso. En el nombre de Jesús. Amén.

La bondad de la gracia

Capítulo 7

Deleite inmerecido

«Porque de su plenitud tomamos todos, y gracia sobre gracia» (Juan 1:16).

Si buscamos la guía divina, lo más importante que podemos hacer es preguntarnos: «¿Estamos siguiendo la revelación general de Dios? ¿Estamos buscando primero el reino de Dios y su justicia? ¿Nos estamos humillando? ¿Estamos examinando nuestro corazón? ¿Estamos buscando la santidad con todo nuestro corazón?». Una vez que abordamos esas revelaciones generales de la voluntad de Dios, podemos tener confianza en que él nos dará el rumbo de forma sobrenatural. Si llegamos a ser quienes Dios quiere, él puede llevarnos a donde él quiere.

La respuesta de Adán fue: «¡Estoy desnudo!», pero Dios dijo: «Igual quiero caminar contigo». Dios igual lo buscó porque el Cordero había sido inmolado desde el principio del mundo (Apocalipsis 13:8). El precio se había pagado. Aunque tuvo lugar una trasgresión, se había provisto una reconciliación en el reino espiritual. Dios siempre se ha relacionado con el hombre con un espíritu de reconciliación, con un deseo de acercarlo a sí mismo.

David tuvo la misma respuesta de gracia hacia Mefi-boset. ¿Recuerdan la historia de Jonatán y David? Dos jóvenes cuyos corazones estaban unidos. Jonatán amaba a David más de lo que amaba a su propio padre, Saúl. Él vio a David como un hombre conforme al corazón de Dios; no era un hombre perfecto, pero era un hombre que trabajaba para darle la gloria a Dios. Era un hombre rápido para arrepentirse, alguien que conocía sus propias debilidades. Jonatán se sintió atraído a David, un hombre de gracia, y no a Saúl, un hombre de obras. A medida que esta amistad creció, ambos hicieron un pacto.

Basado en ese pacto, David dijo en 2 Samuel 9:1: «¿Ha quedado alguno de la casa de Saúl, a quien haga yo misericordia por amor de Jonatán?». Eso lo dice todo. Dios nos muestra su bondad por causa de Jesús. Les compartiré algo. Todos somos lisiados espirituales, no podemos hacer nada por el reino. En nuestro mejor momento, no somos más que dependientes absolutos en el reino de Dios; sin valor en cuanto a la productividad, una carga en cuanto a nuestras contribuciones.

David buscó al hijo de Jonatán, Mefi-boset, que se estaba escondiendo. Cuando Mefi-boset se enteró de que los siervos de David lo estaban buscando, el terror se apoderó de su corazón y dijo: «Aquí estoy, uno de los pocos que quedan. ¡Seguramente me matarán!».

Mefi-boset creyó que David lo buscaba para juzgarlo. Pero David le mostró misericordia, basado en el amor que Jonatán le había mostrado a él. Si leemos el relato de 2 Samuel 9, veremos que Mefi-boset era lisiado de los pies. Esto implicaba que era imposible que Mefi-boset pudiera sustentarse por sí mismo, estaba desamparado. Mefi-boset había reprochado y difamado el nombre de David. Odiaba a la casa de Isaí, pero Dios (por medio de David) llegó a él. La casa de Isaí lo consideraba un perro, pero Dios, en su misericordia, lo atrajo hacia sí. Las Escrituras dejan en claro que se sentó en la mesa del rey David. Alguien más grande que Jonatán llegó para cumplir su parte del pacto y para darnos acceso por su sangre al Santo de los santos. ¡Ahora podemos sentarnos a la mesa de Dios y tener comunión con él!

La justificación

Es interesante notar que David no solo le dio tierras y sirvientes a Mefi-boset, también lo sentó en su propia mesa. Pensemos en eso. Muchas veces, no nos importa mostrar misericordia para sacar a la gente del camino. Les damos algo de dinero y los despedimos, pero ¿los invitaríamos a la familia o a nuestra mesa?

David dijo que Mefi-boset podía comer en su mesa siempre. «Y él inclinándose, dijo: ¿Quién es tu siervo, para que mires a un perro muerto como yo?» (2 Samuel 9:8). Mefi-boset decía: «¿Quién soy yo?». Si David hubiera respondido con sinceridad, habría dicho: «Eres un perro, eso eres». Pero él era más que un perro muerto, era el hijo de Jonatán. Eso le daba valor. Mefi-boset era un don nadie y no tenía nada que lo hiciera merecedor de ese amor y bondad, pero recibió ese privilegio por el amor y la fidelidad que su padre le había mostrado a David. Jesús fue quien nos mostró bondad y amor a nosotros, que solo somos unos perros muertos a los que han invitado a vivir por siempre en la presencia de Dios, a sentarse a su mesa y a ser llamados sus hijos.

«Entonces el rey llamó a Siba siervo de Saúl, y le dijo: Todo lo que fue de Saúl y de toda su casa, yo lo he dado al hijo de tu señor. Tú, pues, le labrarás las tierras, tú con tus hijos y tus siervos, y almacenarás los frutos, para que el hijo de tu señor tenga pan para comer; pero Mefi-boset el hijo de tu señor comerá siempre a mi mesa. Y tenía Siba quince hijos y veinte siervos. Y respondió Siba al rey: Conforme a todo lo que ha mandado mi señor el rey a su siervo, así lo hará tu siervo. Mefi-boset, dijo el rey, comerá a mi mesa, como uno de los hijos del rey» (versículos 9-11).

Tres veces, en apenas cinco versículos, se repite la frase: «Él comerá a mi mesa» y «será como uno de mis hijos». El versículo 13 termina diciendo: «[...] comía siempre a la mesa del rey; y estaba [no milagrosamente sano para que pudiera hacer algo por David, sino que estaba] lisiado de ambos pies». Nunca ayudó con nada. Fue misericordia absoluta.

Todos nosotros somos lisiados, no tenemos fuerzas para hacer nada por Dios, sin embargo, nos sentamos a su mesa como hijos, y disfrutamos de la gracia y misericordia de Dios. La realidad es que ninguno de nosotros quiere depender de alguien o rogar, eso es para otros. Hasta que no nos veamos como indignos e incapaces de hacer algo, nunca llegaremos a experimentar la verdadera misericordia o gracia de Dios. Estaremos continuamente frustrados en nuestros trabajos y siempre intentaremos mostrar que hicimos algo para Dios para merecer ese regalo.

Favor inmerecido, capacitación divina

La palabra *gracia* literalmente significa «favor inmerecido», pero la gracia no se limita solo al favor. Gracias a Dios por ese favor, él nos amó mientras éramos pecadores. Dios nos favoreció y nos deseó. Él es la Persona que invadió la humanidad por medio de la encarnación. Él habitó entre nosotros en el cuerpo de Jesucristo. Jesús probó que el hombre podía ser libre del pecado y vivir por la gracia de Dios en obediencia absoluta a su ley. Las personas dicen que no se puede vivir libres del pecado, pero sabemos que sí. Jesús vivió una vida de obediencia absoluta por la gracia de Dios. Al estudiar su favor inmerecido, le agradecemos a Dios por el gran precio que pagó. Mientras éramos pecadores, Dios nos amó y nos redimió para sí.

La gracia es espontánea, un favor divino dado a cada uno de nosotros. La interpretación literal de esa palabra es «deleitarse en». Dios se deleita en nosotros porque somos sus hijos. Mira las fotos de tu etapa escolar, esas que solo a tu madre le pueden gustar. Casi

La justificación

todos los niños pasan por una etapa poco agraciada, pero Dios se deleita en nosotros y nos ama porque somos de él.

Es importante entender el efecto de su sangre y cómo Dios, en su misericordia y gracia, anhela la reconciliación. Todas las personas nacidas después de Adán nacieron en pecado y odiaban a Dios, aunque todas eran portadoras de la sangre de Dios. La humanidad es la descendencia de Dios. Adán significa «sangre». Adán se llamó la «sangre de Dios». Necesitamos ver quién es el hombre en realidad: un niño rebelde que rechaza el amor de un Padre. El Padre está continuamente llamándolo para reconciliarse, diciendo: «No tienes que ir al infierno, tengo una túnica, un anillo y sandalias para ponerte». Necesitamos reconocer la depravación de nuestra alma y que la única manera de volver es por medio del regalo de Jesucristo.

Además de *favor*, la palabra «gracia» implica una *capacitación* divina. La gracia es Dios que nos capacita para hacer lo que él nos ha mandado a hacer. Por la gracia de Dios, no hay excusa para desobedecer o fallar. El problema es que muchas personas enseñan que la gracia es un favor, pero dejan de lado el aspecto de la capacitación. Con respecto al asunto de la gracia, corremos riesgo de desviarnos hacia uno de estos dos caminos extremos; pero debemos darnos cuenta de que la gracia incluye tanto el favor como la capacitación. Aquellos que tenemos una tendencia legalista, podemos poner más énfasis en uno que en otro, incluso al estudiar la gracia. Debemos mantener un equilibrio.

La gracia manifiesta el poder, la capacidad y la presencia de Dios. Como ningún hombre ha visto al Padre, no puede comprender por completo su amor y gracia. Si queremos entender la gracia de Dios y al Dios de gracia, entonces debemos entenderlo por medio de la Persona de Jesucristo.

Capítulo 8

La esclavitud del hombre con el pecado

«No hay quien haga lo bueno, no hay ni siquiera uno» (Romanos 3:12).

«Pues antes de la ley, había pecado en el mundo; pero donde no hay ley, no se inculpa de pecado. No obstante, reinó la muerte desde Adán hasta Moisés, aun en los que no pecaron a la manera de la transgresión de Adán [...]» (Romanos 5:13-14).

Lo primero que debemos entender al tratar con personas en este tiempo es que el hombre es depravado. Cuando hablamos de la depravación total no significa que todos los hombres sean externamente tan malvados como el ser humano pueda llegar a ser. Algunos pecadores son muy morales, bondadosos y caritativos. Cuando hablamos de la *depravación*, queremos decir que no hay nada en el hombre que sea aceptable para Dios. *Depravación total* significa que el hombre no tiene valor comparado con la santidad de Dios. Ninguna valía o bien en el hombre puede hacerlo capaz de tener comunión con Dios, de relacionarse con él ni de conocerlo. De hecho, las Escrituras nos dicen claramente que la justicia del hombre es como trapos de inmundicia para Dios (Isaías 64:6). La Biblia deja muy en claro que «no hay quien haga lo bueno, no hay ni siquiera uno» (Romanos 3:12). Si vamos a relacionarnos con Dios y ministrar eficazmente a otros, debemos entender quién es el hombre en verdad.

La justificación

Las religiones del mundo, desde el catolicismo al islam y al budismo, se basan en un sistema de méritos según las obras en el que el hombre se queda un poco corto y necesita esforzarse un poco más. La Biblia no dice que el hombre se haya quedado un poco corto, sino que la depravación es total. Como cristianos, tenemos una perspectiva de la humanidad totalmente diferente, una que disgusta a la gente. A las personas les gusta pensar que hay algo bueno en ellas, pero no es así.

No hay diferencia entre una persona que acepta el mundo y aquella que fue criada en la escuela bíblica y que ha confiado en sí misma y no en Jesucristo. Una persona no es depravada por lo mala que es, sino porque es independiente del señorío de Jesucristo. El problema que muchos tenemos es que éramos «pecadores buenos» antes de ser salvos. Crecimos en una escuela bíblica, nunca tratamos mal a nadie y quizás hasta hemos ayudado a las ancianas a cruzar la calle. No nos vemos como viles, pero el poder de la depravación sobresale en cada uno de nosotros. Nunca seremos libres hasta que veamos lo vil que es nuestra independencia y nos enfrentemos a ella.

Hace unos días, estaba hablando con alguien que me dijo que la enseñanza le fue de mucha ayuda. Comentó: «Realmente no creo ni me veo a mí mismo como una mala persona. Actúo bastante bien». Mientras tengamos esa percepción de nosotros mismos, Dios nos resistirá. Nada en nosotros es aceptable para Dios. La depravación es nuestra incapacidad de hacer algo bueno sin él. Aunque podamos ser personas morales o disciplinadas, el origen de cualquier aparente bien está en la carne, que es trapo de inmundicia para Dios. Un día, nuestra «buena» voluntad será juzgada y condenada, porque la conseguimos sin la obra eficaz de la sangre de Jesucristo. Debemos vernos a nosotros y a otros de esta manera si alguna vez vamos a experimentar la verdadera gracia de Dios.

La esclavitud del hombre con el pecado

Al hombre le gusta jactarse de sus buenas obras. Luego de la tragedia del World Trade Center, las personas de Nueva York se daban palmaditas en la espalda. Estaban tan orgullosos de ellos mismos por haber ayudado. No niego que hubo una movilización a corto plazo para ayudar (y no voy a entrar en todas las razones psicológicas por las que las personas reaccionan como lo hacen en medio de la catástrofe), pero no fue porque eran buenos por naturaleza. El miedo o la culpa a menudo motivan a la gente. El hombre es capaz de hacer cosas «buenas», pero no puede merecer la justicia ni una relación con un Dios santo.

No hay pecadores «buenos». Los pecadores no buscan a Dios, sino que él los busca a ellos. Necesitamos comprender eso o nunca podremos ministrar eficazmente o entender de verdad qué es la verdadera regeneración. Seremos engañados, como muchos hoy, por todas las «conversiones» ordinarias de personas que dicen que quieren conocer a Dios. La verdad es que, en realidad, buscan un club social, tener paz para la mente atormentada o una fórmula para hacerse ricos, como muchos hicieron en el movimiento de fe. Hay muchas razones de por qué los hombres son religiosos pero no son regenerados. Las personas religiosas buscan el beneficio propio y una vida egocéntrica, a menudo calmando sus conciencias, pero no buscan a Dios.

Los primeros dos capítulos de Romanos revelan qué hay realmente en el corazón del hombre no regenerado. Las listas en Efesios, 1 Corintios y Gálatas también muestran lo que hay en los miembros del hombre no regenerado. El pecado que mora en los miembros del hombre es feo y desagradable. Somos totalmente viles, una pestilencia para Dios, impuros, enemigos de Dios, desagradables en todo sentido e inaceptables por nuestras obras o por nuestro valor. No tenemos nada bueno que se relacione con la santidad y la justicia de Dios. Sin Jesús, no hay absolutamente nada bueno en nosotros.

La justificación

Si nos defendemos de Dios, de la convicción de la verdad, tendremos que convertirnos en nuestros propios defensores. Nos transformaremos en nuestros propios dioses. Sería mejor mostrarnos vulnerables ante el Señor y que Dios nos defendiera. Si caemos sobre la Roca y somos quebrantados, si somos punzados en el corazón con una tristeza piadosa que trae arrepentimiento, entonces tendremos a Dios como nuestro defensor. Él no permitirá que Satanás ni el pecado nos destruyan finalmente. Sin embargo, si nos negamos a creer lo que en verdad somos, entonces tendremos que defendernos a nosotros mismos y vivir según nuestra propia justicia. La defensa propia termina en la destrucción total.

Imputados por ser hijos de Adán

La persona más justa que ha caminado sobre este planeta está bajo la condena del pecado por ser hijo de Adán. Santiago deja en claro que si cometemos un pecado, nos hacemos culpables de todos (Santiago 2:10). Ese pasaje no se refiere simplemente a cometer pecados, sino a identificarnos con el pecado por medio de Adán, nuestro «jefe federal» (los teólogos usan el término «federal» para indicar que es el «representante de la humidad»). El pecado se imputa por su propio poder y naturaleza, incluso sin que se cometa el acto. Todos somos culpables al haber nacido en la familia de Adán. Todos somos pecadores. «No hay justo, ni aun uno» (Romanos 3:10). «Por tanto, como el pecado [la autosuficiencia y la independencia de Dios] entró en el mundo por un hombre, y por el pecado la muerte, así la muerte pasó a todos los hombres, por cuanto todos pecaron» (Romanos 5:12).

La gente dice: «¡El hombre no es tan malo!». En Adán, lo somos. Somos culpables de cada pecado que Lucifer y Adán cometieron contra Dios. La alta traición de Lucifer y de nuestro padre, Adán, está en nuestro interior, y debemos lidiar con ella cada día. Cuando somos iluminados por la Palabra de Dios y somos libres del temor por la sangre de Jesús, podemos enfrentar cuán viles somos en realidad. Los que somos fieles con nosotros mismos podemos apreciar la misericordia, la gracia y el regalo de Jesús.

El hecho de que seamos descendencia de Adán nos hace responsables ante Dios. Además de que el pecado es el factor dominante en la vida que no ha sido regenerada; Adán también transmitió el conocimiento de Dios, algo que no puede borrarse. Adán era la descendencia de Dios; por lo tanto, cada uno de nosotros porta el conocimiento de nuestro Padre —no de Adán, nuestro padre en la carne; sino de Dios, nuestro Padre espiritual—. El hombre porta el conocimiento de Dios, pero no quiere retener a Dios en su consciencia porque el pecado domina en todos sus miembros.

Todos murieron en Adán (1 Corintios 15:22): el pecado y la muerte que este acarrea (Romanos 5:12) entraron al mundo por uno solo. ¡Cuánto más, por uno solo, Jesucristo, el poder del pecado fue quebrantado, la muerte fue vencida y su justicia nos fue imputada! Él se hizo pecado con nuestro pecado, hemos sido declarados justos con su justicia (2 Corintios 5:21).

«Ya que por las obras de la ley ningún ser humano será justificado delante de él; porque por medio de la ley es el conocimiento del pecado» (Romanos 3:20). Aunque guardemos la ley de Dios a la perfección, aun así, no seremos justificados. Como somos parte de la familia de Adán, ya no se trata de desempeño, sino de identificación. ¿Nos identificamos con Adán o con Cristo? Podemos ser las personas más morales en la familia de Adán, pero aun así, ir al infierno. En contraste, podemos ser unos sinvergüenzas, pero por la gracia y soberanía de Dios, según su soberana aplicación de misericordia, podemos llegar al cielo. Todo se reduce a la obra culminada de Jesucristo y nuestra respuesta a ella.

La justificación

La naturaleza pecaminosa del hombre caído

El pecado introdujo en el hombre una nueva naturaleza. Hay muchas filosofías diferentes sobre la constitución del ser humano, pero la Biblia revela que este es un ser trino. Es un espíritu que posee un alma y habita en un cuerpo. Cuando el hombre espiritual está muerto (sin comunión con Dios), queda atado en la oscuridad. Satanás ha cegado su entendimiento para que no crea en la luz del glorioso evangelio (2 Corintios 4:4).

Efesios 2:2-3 dice: «En los cuales anduvisteis en otro tiempo, siguiendo la corriente de este mundo, conforme al príncipe de la potestad del aire, el espíritu que ahora opera en los hijos de desobediencia, entre los cuales también todos nosotros vivimos en otro tiempo [todos vivimos así porque todos somos hijos de Adán] en los deseos de nuestra carne, haciendo la voluntad de la carne y de los pensamientos, y éramos por naturaleza hijos de ira, lo mismo que los demás». Entendemos que la naturaleza del hombre es de ira, rebelión, contienda y enemistad con Dios. La Biblia dice que «los designios de la carne son enemistad contra Dios» (Romanos 8:7). Toda persona que no ha sido regenerada es enemiga de Dios y odia a Dios, aunque puede hablar bien de él. El hombre caído culpa a Dios y le exige explicaciones.

El odio no siempre se manifiesta en una guerra enérgica contra Dios, sino al rechazarlo. Poner el yo sobre el trono de nuestra vida, mediante el cual el orgullo y el egoísmo exaltan la voluntad propia por sobre la de Dios, es una expresión de nuestro odio por el Señor. Dios hizo sus primeras criaturas con voluntad, para que nuestra adoración, honor y amor fueran voluntarios.

Las personas manifiestan su odio de diferentes formas. Algunas son muy extremistas, como los militantes homosexuales, que no son peores que el individuo aparentemente moral, el típico «yuppie» pulcro, que conduce un BMW, lleva a sus hijos a escuelas privadas, sale de picnic y odia a Dios. No hay diferencia para Dios. Las acciones pecaminosas no son el problema, el pecado lo es.

Satanás ha perfeccionado un sistema para atraer a las masas. Ahora todos pueden aceptar cualquier burbuja personal en la que se encuentren, justificando por qué no necesitan a Jesucristo o no creen en la Biblia. Algunas personas me han dicho: «No creo en la Biblia porque está llena de contradicciones». Creen eso porque quieren, no porque sea verdad.

La esclavitud al poder del pecado

Por la introducción del pecado al mundo —por medio del engaño de Eva y de la rebelión manifiesta de Adán—, el hombre ahora está bajo el poder del pecado. David dijo: «He aquí, en maldad he sido formado, y en pecado me concibió mi madre» (Salmos 51:5).

Romanos 6 muestra la esclavitud del hombre natural al poder del pecado que reside en sus miembros, y la fuente de ese poder es Satanás. Este espíritu autocompaciente, autosuficiente, independiente de Dios, domina al hombre.

«Sabiendo esto, que nuestro viejo hombre fue crucificado juntamente con él, para que el cuerpo del pecado sea destruido, a fin de que no sirvamos más al pecado» (Romanos 6:6). La palabra «servir» en este pasaje significa «estar bajo el poder» del pecado. El poder del pecado no es simplemente un poder que controla nuestras acciones, sino que es el poder de dominio. No reside solo en el comportamiento, sino también en la relación de pertenencia al reino de la oscuridad; es estar bajo el señorío del pecado y de Satanás. El poder del pecado está en la relación, no en las acciones.

La justificación

El pecado, más que ser el poder al que obedecemos para cometer el mal, es el poder que nos da una alta opinión de nosotros mismos. Nos ciega e impide que veamos a Dios tal como es, en toda su gloria y majestad. Al igual que hizo Satanás antes que nosotros, disminuimos a Dios y nos exaltamos a nosotros mismos. Ese es el poder del pecado y, a menos que seamos libres por medio de la sangre de Jesucristo, no hay esperanza para nosotros.

Consecuencias del pecado

La comunión rota fue el resultado de la caída del hombre. Dios fue a caminar con Adán en el jardín, pero Adán estaba escondido en un arbusto. Cuando Dios le preguntó por qué se escondía, Adán le dijo que tenía miedo porque estaba desnudo. Su desnudez no estaba relacionada con su estado físico. Básicamente, fue despojado de su justicia. Adán perdió su «vestimenta», su justicia, y fue avergonzado en presencia de Dios. Como resultado de una comunión rota, la muerte hizo que el hombre le temiera a Dios, en lugar de amarlo; hizo que huyera de Dios, en lugar de estar en comunión con él.

La muerte espiritual fue la consecuencia inicial del pecado: «[...] porque el día que de él comieres, ciertamente morirás» (Génesis 2:17). Aunque su pecado tuvo grandes consecuencias en la vida natural, Adán y Eva no murieron físicamente en el jardín. Murieron espiritualmente en el momento en que comieron del fruto.

El punto culminante del pecado: el infierno

Todos somos pecadores y, por ello, merecemos el juicio y la condenación de Dios. Deberíamos ser arrojados al mar del olvido, en donde están nuestros pecados en nuestro lugar. Las Escrituras dicen que en el infierno los malvados son olvidados, nadie recordará que existieron. Ese aislamiento será un tormento total (llanto, lamento y crujir de dientes); será un lugar de oscuridad donde el gusano nunca

La esclavitud del hombre con el pecado

muere. Esta condenación es lo que el hombre merece, así que está bien que todo hombre sea juzgado y lanzado a ese lugar. Romanos dice que todo hombre tiene el conocimiento de Dios dentro suyo y que no tiene excusa. Dios no desea que nadie perezca.

La mayoría de las personas se preguntan cómo un Dios bueno puede enviar al hombre al infierno descrito en la Biblia. El infierno no fue hecho para el hombre, sino para Satanás y los ángeles caídos. Dios hizo todo para evitar que el hombre fuera allí.

La próxima vez que empieces a cuestionarte la justicia de Dios, recuerda la condición del hombre. Todo lo bueno que tenemos es un regalo de Dios, no lo merecemos ni lo ganamos. Dios es el que ama, el compasivo, pero no puede ir en contra de quién es y sufrir la iniquidad o la rebelión a su ser soberano.

Dios mencionará las obras de cada hombre en el último día. El hombre entenderá completamente que tomó decisiones voluntarias para rechazar a Dios. Dios nos ha dado toda provisión para que volviéramos a casa. Nos dio la túnica, el anillo y las sandalias. No ha guardado nada en nuestra contra. Nuestra cuenta fue saldada por la sangre de Jesucristo, pero algunos morirán por rechazar ese regalo. Por su incredulidad y rechazo a la propiciación de Cristo, él pondrá la justicia de su ira sobre ellos. ¡Qué justificación poderosa de la justicia de Dios!

El juicio se basa en las obras de una persona, pero el verdadero factor que condena es su rechazo a Jesucristo. El hombre tendrá que rendir cuentas por sus obras, pero lo que lo lleva al infierno es rechazar el señorío de Jesucristo. Sus obras determinarán la severidad del castigo, así como nuestras obras determinarán la abundancia de la recompensa. Se pagará un precio: todo aquel que rechace el señorío de Jesús será echado de la presencia de Dios.

Capítulo 9

La ley: el silenciador y el maestro

> «Pero sabemos que todo lo que la ley dice, lo dice a los que están bajo la ley, para que toda boca se cierre y todo el mundo quede bajo el juicio de Dios» (Romanos 3:19).

Una definición de gracia con la que estamos familiarizados es «favor voluntario, inmerecido y divino», pero el sentido literal de *gracia* es «tener placer o deleitarse en; conceder una recompensa favorable». La gracia siempre se contrasta con la deuda, las obras y la ley.

Los siguientes pasajes muestran el contraste entre la gracia y la deuda:

> Romanos 4:4: «Pero al que obra, no se le cuenta el salario como gracia, sino como deuda».

> Romanos 4:16: «Por tanto, es por fe, para que sea por gracia, a fin de que la promesa sea firme para toda su descendencia; no solamente para la que es de la ley, sino también para la que es de la fe de Abraham, el cual es padre de todos nosotros».

Vemos que es «por fe, para que sea por gracia». Una vez que comprendemos este principio, nos libera de pensar que tenemos que pagar de alguna forma esta deuda. No podemos pagarla. Dios solo reconoce la fe y nos justifica ante él.

Mientras nos sintamos en deuda («Debo hacer algo para pagarle a Dios»), no recibiremos su gracia. Cuando intentamos apaciguar a Dios por las deudas, negamos el factor de pacificación, la propiciación que viene por medio de la fe en la sangre de Jesucristo. Básicamente estamos diciendo: «Sé que la sangre de Jesús es buena, pero voy a agregar algo para asegurarme de que realmente Dios me acepte». ¿Pueden ver lo malo de eso? ¡Qué aberración! No lo hacemos conscientemente, tampoco intentamos menospreciar la sangre de Jesús, pero cada vez que intentamos pagar la deuda nosotros mismos, menospreciamos la sangre de Jesús. Básicamente estamos diciendo: «La sangre de Jesús no fue suficiente para pagar el precio; por lo tanto, debo añadirle mi justicia». Este engaño hace que neguemos aquello mismo que intentamos alcanzar: la semejanza a Cristo.

Los siguientes pasajes muestran el contraste entre la gracia y las obras:

> Romanos 11:6: «Y si por gracia, ya no es por obras; de otra manera la gracia ya no es gracia. Y si por obras, ya no es gracia; de otra manera la obra ya no es obra».

> Tito 3:5-7: «Nos salvó, no por obras de justicia que nosotros hubiéramos hecho, sino por su misericordia, por el lavamiento de la regeneración y por la regeneración en el Espíritu Santo, el cual derramó en nosotros abundantemente por Jesucristo nuestro Salvador, para que justificados por su gracia, viniésemos a ser herederos conforme a la esperanza de la vida eterna».

> Romanos 4:4-5: «Pero al que obra, no se le cuenta el salario como gracia, sino como deuda; mas al que no

La justificación

obra, sino cree en aquel que justifica al impío, su fe le es contada por justicia».

Nada que hagamos nos puede justificar —ninguna buena obra, ni siquiera si caminamos sobre el agua, resucitamos a un muerto u oramos por fuego y cayó del cielo—. Este versículo dice que nuestra «fe es contada por justicia». Dios no estará en deuda por nuestro desempeño.

¿Alguna vez han confiado en otra cosa que no sea la obra de Jesucristo para la salvación? Si han confiado en las obras o en el conocimiento, entonces, esa ley en la que han confiado los condena. Debemos estar dispuestos a renunciar a nuestra propia justicia y búsqueda personal, y permitir que Dios nos atraiga. Hoy digan: «Me rindo, me vacío de mí mismo y acepto su regalo. Espero la vida eterna solo por lo que Jesús ha logrado, no por algo que yo haya hecho. Estoy plenamente convencido de que él me está llamando en este momento y me invita a participar en ella. Por fe, lo recibo en el nombre de Jesús. Elijo la vida».

Tenemos la tendencia a ser arrogantes y a llevar la cuenta, pensando que estamos haciendo bien (incluso mejor que otros). Puede que cuestionemos la fe de otras personas porque no están tan «comprometidas» como nosotros. Este cuestionamiento es autojustificación y pertenece a la carne, una mentalidad de obras que finalmente hará que fallemos. Cuanto más pasamos en la Palabra de Dios, más nos damos cuenta de que nadie puede ser justificado por las obras de la ley. Guardémoslo en nuestra mente y en nuestro corazón: nada que hagamos puede hacer que Dios nos justifique, no importa cuán buenos seamos.

La ley: el silenciador y el maestro

Los siguientes pasajes muestran el contraste entre la gracia y la ley:

Juan 1:17: «Pues la ley por medio de Moisés fue dada, pero la gracia y la verdad vinieron por medio de Jesucristo».

Romanos 6:14-15: «Porque el pecado no se enseñoreará de vosotros; pues no estáis bajo la ley, sino bajo la gracia. ¿Qué, pues? ¿Pecaremos, porque no estamos bajo la ley, sino bajo la gracia? En ninguna manera».

Gálatas 5:4: «De Cristo os desligasteis, los que por la ley os justificáis; de la gracia habéis caído».

La ley trae convicción, o convencimiento de pecado, pero no puede salvar al hombre. La ley es buena (Romanos 7:12), la ley es perfecta (Salmos 19:7) y la ley es justa; pero el hombre no es capaz de cumplir la ley. La humanidad no se puede reconciliar con Dios obedeciendo la ley porque no hay obediencia perfecta en el hombre. La obediencia perfecta de Jesús al cumplir la ley nos compró, y ese es el mensaje de redención.

No podemos merecer la salvación por medio de las obras (cumplir la ley). La salvación solo se obtiene por la obra de Jesucristo. Ninguna otra religión del mundo predica sobre la gracia. Debemos convencernos de que el hombre no tiene valor ni capacidad para reconciliarse con Dios.

La ley: moral, ceremonial y civil

Primero, cuando hablamos sobre la ley, nos referimos a la ley moral de Dios, al decálogo —más conocido como los «diez mandamientos»—. Segundo, los diferentes maestros se refieren a la ley como la ley ceremonial o las ordenanzas levíticas. Y tercero, en

La justificación

las Escrituras hay leyes a las que se las llama leyes civiles o sociales. La ley muestra las normas de Dios y cómo él interactúa con la humanidad, pero esta también instruye al hombre sobre cómo relacionarse con Dios y con los demás.

El propósito de la ley es guiar: primero, al hombre de regreso a Dios; segundo, guiar al hombre en sus relaciones. La ley ceremonial y muchas de las leyes sociales ya no se aplican en nuestra vida. Muchas de estas normas servían para identificar a un pueblo apartado para Dios a través de la santificación del Antiguo Testamento. Tenían el propósito de hacer que Israel entendiera lo que se cumpliría en la simiente de Abraham, Jesucristo.

Muchas leyes, como las de la alimentación y la salud, tenían como propósito preservar a Israel para la gloria de Dios mientras deambulaban desde Egipto a la tierra prometida. Lo que no pertenece a lo eterno ya no es obligatorio para nosotros en el nuevo y mejor pacto. Por ejemplo, hoy, comer cerdo no es un pecado para nosotros. Si creyéramos que cada aspecto del Antiguo Testamento todavía nos obliga, entonces no deberíamos comer cerdo.

Ya no estamos obligados a construir una baranda alrededor del techo de nuestras casas, una ley que se aplicaba en ese entonces. Sin embargo, existe un mandato que dice que si somos culpables de una cosa, somos culpable de todas (Santiago 2:10). ¿De qué ley habla Santiago? Obviamente no se refiere a las barandas. Cuando Jesús habla de nuestra obligación para con la ley, siempre se refiere a la ley moral. Si la referencia fuera a la ley ceremonial o levítica, entonces estaríamos en problemas. La mayoría de estas leyes se centraban en la visitación de Dios sobre el propiciatorio, la aspersión de sangre y el Día de la Expiación. Luego del cautiverio babilónico, cumplir estas leyes fue imposible porque el arca del pacto desapareció. Necesitamos distinguir adecuadamente entre la ley moral y la ceremonial.

La ley que cierra toda boca

«Pero sabemos que todo lo que la ley dice, lo dice a los que están bajo la ley, para que toda boca se cierre y todo el mundo quede bajo el juicio de Dios» (Romanos 3:19). Vimos que el propósito de la ley era lograr que reconociéramos nuestra culpa. Un solo pecado durante toda la vida nos hace culpables de toda la ley, por lo que ninguno de nosotros puede cumplirla exitosamente. La ley servía para condenarnos o para ponernos bajo el juicio de Dios. Fue dada para mostrar cuán indefensos y sin esperanza estamos, de tal manera que «todo el mundo quede bajo el juicio de Dios».

«Ya que por las obras de la ley ningún ser humano será justificado delante de él; porque por medio de la ley es el conocimiento del pecado» (Romanos 3:20). Nunca seremos justificados ante él por cumplir la ley, porque nunca podremos cumplirla por completo. Tampoco podemos jactarnos de lo que sí cumplimos. Nunca podemos atribuirnos el mérito de lo que logra la santificación en nosotros. Es él quien obra en nosotros, no podemos jactarnos ni pensar que somos importantes. Sin él no podemos hacer nada (Juan 15:5).

Sin excusas

Antes de ser cristianos, sabíamos que no estábamos en la relación correcta ante Dios. Quizá este conocimiento no era algo que dominaba nuestra vida porque hacíamos todo lo posible por reprimirlo. Tal vez muchos se drogaban, tenían pasatiempos o su empleo o relaciones los consumían. Huían de la voz interior que continuamente los llamaba a la reconciliación.

La justificación

Creí en Dios mucho tiempo antes de ser salvo, pero me negué a someter mi voluntad. Como todos los hombres que no han sido regenerados, estaba demasiado atrapado en mí mismo y no quería que Dios limitara mi estilo. Me sentía miserable cuando en la televisión pasaban *El manto de creación*, *Los diez mandamientos* o *Rey de reyes* en Pascua. Se entrometían en mi vida todo el tiempo. Me iba muy bien hasta que me recordaban que era depravado y culpable ante Dios.

Muchos estamos sentados aquí y nos preguntamos: «¿Cómo pueden saber estas personas que hay un Dios y no aceptarlo? ¿Cómo pueden creer en Dios y no responderle?». Muchos de nosotros no respondimos. Ahora que hemos probado y visto la bondad del Señor, vemos lo tontos que fuimos.

Las personas sienten la presencia de Dios e incluso creen en él, pero hasta los demonios lo hacen. La Biblia dice que los demonios creen y tiemblan (Santiago 2:19). A veces, creemos y temblamos. De hecho, cuanto más miedo tenemos, más raro nos comportamos para tratar de calmar esa voz que dice: «Venid a mí todos los que estáis trabajados y cargados, y yo os haré descansar» (Mateo 11:28).

El ministerio de Jesús y lo que él logró en la cruz es para todos. Está a disposición continua de todos. La Palabra dice que hasta los cielos cuentan la gloria de Dios (Salmos 19:1). Incluso aquellos que no oyen la predicación del evangelio —ya sea un aborigen o alguien en lo más profundo de la selva del Amazonas— estarán frente a Dios y no tendrán excusas (Romanos 1:20).

La ley revela que Dios es justo

La ley no solo revela que somos culpables, sino que Dios es justo. Cuando Dios se revela a nosotros, entendemos que nosotros somos los culpables, no él. Muchas personas dicen en su corazón: «Si

La ley: el silenciador y el maestro

Dios fuera Dios, debería haber actuado de esta manera. Si Dios fuera Dios, no debería haber permitido que Lucifer cayera. Si Dios fuera Dios, no debería haber dejado que Adán pecara. Si Dios fuera Dios [...]». Cada vez que declaran frases así, se ponen en el lugar de Dios. Esa actitud viene de la ceguera de nuestra mente y corazón a través de la caída de nuestro padre, Adán.

Algunos juzgan a Dios diciendo: «No está bien que Dios nos pida que cumplamos unos mandamientos que no somos capaces de cumplir. Eso no me parece justo». Se olvidan que Dios, en un principio, hizo al hombre sin pecado y lo puso en un ambiente perfecto. Pero el hombre se reveló voluntariamente y se volvió enemigo de Dios, mereciendo así su ira y la condenación eterna.

La ley apunta a la vida

Pablo dijo: «Pero la ley se introdujo para que el pecado abundase [...]» (Romanos 5:20). Una vez que se amplifica la ofensa, internamente sentimos que hicimos mal y reconocemos la ofensa contra Dios y contra el prójimo. Ahora que ha abundado esa ofensa, entendemos claramente de qué somos responsables y cuáles serán las consecuencias de la desobediencia.

Dios instituyó un sistema temporal de expiación para que el juicio pasara por alto a su pueblo. Ellos llevaban sacrificios al sacerdote y reconocían la ley como verdadera y justa. Esos sacrificios representaban la provisión que vendría a través de Cristo. La ley demostraba que llegaría uno más grande que Moisés, uno cuya vida trascendería las leyes del Sinaí. Pablo dijo que, aunque la ley trae conocimiento de pecado (al punto de preguntarse si hay alguna esperanza para nosotros), la gracia sobreabundará. «Mas cuando el pecado abundó, sobreabundó la gracia; para que así como el pecado reinó para muerte, así también la gracia reine por la justicia para vida

La justificación

eterna mediante Jesucristo, Señor nuestro» (Romanos 5:20-21). La ley nos hizo entender la esclavitud en la que estábamos y, al mismo tiempo, nos reveló la gracia de Dios.

«Pero ahora, aparte de la ley, se ha manifestado la justicia de Dios, testificada por la ley y por los profetas» (Romanos 3:21). La ley y los profetas anunciaron la venida del Redentor. Se puede ver la gracia de Dios en la Pascua y en el Día de la Expiación. En estos eventos, se concedía el favor inmerecido no solo a una nación, sino también a cada individuo. Esas personas no merecían ninguna recompensa, habían vivido en desobediencia y rebelión, separadas de Dios. En el Día de la Expiación, los pecados del pueblo eran puestos sobre un animal inocente y este era enviado lejos. Eso era gracia.

Hoy las personas quieren huir de la ley, pero corramos hacia la ley y veamos cuán grande es nuestra salvación. Ver nuestra culpa nos despoja de la autojustificación. Podemos decir: «No hay nada bueno en mi carne, merezco el infierno, pero Dios me ha dado su regalo».

Escuchemos el clamor del salmista: «Y no quites de mí tu santo Espíritu» (Salmos 51:11). Cuando pecamos, sabiendo que la comunión se ha roto, ¿clamamos con la misma intensidad que el salmista: «Crea en mí, oh Dios, un corazón limpio, y renueva un espíritu recto dentro de mí» (Salmos 51:10)? Si estamos cómodos sabiendo que no estamos en la relación correcta ante Dios, entonces no entendemos lo que es la verdadera gracia.

Justificación sin las obras de la ley

Al ver la maldad del hombre, podemos apreciar nuestra justicia. Las Escrituras dicen: «Al que no conoció pecado, por nosotros lo hizo pecado, para que nosotros fuésemos hechos justicia de Dios en él» (2 Corintios 5:21). Cuanto más perdonados somos, más amamos (Lucas 7:47). Cuanto más conscientes estamos de esta

La ley: el silenciador y el maestro

revelación, más profundo es nuestro amor por el regalo de Dios. Nadie puede ser justificado ante Dios por las obras de la ley, pero somos declarados justos, porque fuimos limpiados por la sangre de Jesús. «Ya que por las obras de la ley ningún ser humano será justificado delante de él; porque por medio de la ley es el conocimiento del pecado. Pero ahora, aparte de la ley, se ha manifestado la justicia de Dios, testificada por la ley y por los profetas» (Romanos 3:20-21).

La Palabra dice que nosotros no lograremos la purificación por nuestra cuenta, sino que el Cordero inmolado desde el principio del mundo lo hará (Apocalipsis 13:8), el Hijo de Dios, a quien el Padre quiso quebrantar (Isaías 53:10).

Podemos tener la justicia de Dios sin la ley. Cualquier otro tipo de justicia es autojustificación. Muchos caemos en la autojustificación, pensando que tenemos todo controlado. Estamos en peligro si confiamos en nuestras obras y esfuerzos, y no exclusivamente en la sangre de Jesús. Pablo enseñó que hay justicia sin la ley, manifestada por la ley y los profetas. En otras palabras, la ley y los profetas hablaban de la provisión final: el regalo de Jesús y el derramamiento de su sangre.

Podemos ser declarados justos ante Dios sin las obras de la ley. Pablo lo explica diciendo que hay justicia «por medio de la fe en Jesucristo» (Romanos 3:22). Confiemos en lo que Jesús hizo en la cruz como consecuencia de su vida terrenal perfecta y su obediencia al Padre celestial. Creamos y confiemos en que su sacrificio era todo lo que se necesitaba para apaciguar a Dios. Fue una proclamación única, definitiva y totalmente inclusiva de la justificación del hombre ante Dios a través de la obra de Jesucristo. Cuando recibimos esta justicia sin las obras de la ley, la ley ya no tiene nada que demandarnos.

La justificación

Debemos responder la pregunta de Romanos 6 que plantea la mentalidad carnal: «Si no necesitamos cumplir la ley para ser justos (porque donde abunda el pecado, sobreabunda la gracia), entonces ¿por qué no pecamos libremente para que Dios se glorifique al mostrarnos más gracia?». El apóstol Pablo dijo: «En ninguna manera. Porque los que hemos muerto al pecado, ¿cómo viviremos aún en él?» (Romanos 6:2).

A menudo, nos olvidamos o despreciamos el precio pagado por nosotros: la agonía en el tribunal de Pilato, los clavos incrustados en sus manos, los golpes en su cara, su barba arrancada y la lanza en su costado. En estas palabras encontramos el peor tormento de ese día: «Dios mío, Dios mío, ¿por qué me has desamparado?» (Mateo 27:46). Dios lo desamparó para que nosotros pudiéramos ser reconciliados. ¡Somos grandes deudores! Entonces, ¿cómo podemos decir: «Pequemos, para que abunde la gracia»? Él no sufrió para que nosotros pecáramos libremente. Esa actitud carece de la gratitud de quien ha recibido este regalo.

Esta justicia sin las obras de la ley hace que muramos al poder del pecado y que seamos libres para vivir la vida espiritual de Jesucristo. Somos crucificados con él, resucitados con él e identificados con él. En nuestra cocrucifixión con Cristo, somos considerados como absolutamente perfectos, tal como lo es Jesús. Se nos considera con un historial de obediencia —el mismo que tuvo Jesús—, y Dios pone eso en nuestra cuenta. Así ve Dios a todos los que han puesto su fe en la obra consumada de Jesucristo. Cuando se aplica correctamente esa fe en Jesús, es como si fuéramos tan obedientes a la ley como lo fue Jesús. Durante su vida en la tierra, Jesús nunca incumplió ninguno de los mandamientos de Dios. Su obediencia fue imputada, o acreditada, a nuestra cuenta. Cuando Dios nos mira, él nos ve como si hubiéramos cumplido fielmente la ley.

La justicia de Jesús era la justicia de Dios, no una que proviniera del cumplimiento de la ley. La ley no puede hacer justo a ningún hombre, pero es lo que enseña cómo regresar a Dios. La ley es un espejo que hace que el hombre se dé cuenta de que ha caído, que es culpable, que está condenado y que ya no está en comunión con Dios.

La ley se cumplió en la vida perfecta de Jesús. Él puso en práctica una ley superior de inocencia y de obediencia a Dios. Dios ilumina nuestros corazones con la revelación de la obra de Cristo que fue hecha por nosotros, y ahora hay una nueva justicia. «La justicia de Dios por medio de la fe en Jesucristo, para todos los que creen en él. Porque no hay diferencia, por cuanto todos pecaron, y están destituidos de la gloria de Dios» (Romanos 3:22-23).

No hay conflicto entre la ley y la gracia

«Pues la ley por medio de Moisés fue dada, pero la gracia y la verdad vinieron por medio de Jesucristo» (Juan 1:17). No hay conflicto entre la ley y la gracia. Muchos cristianos creen que tenemos que elegir entre una o la otra, pero no es así. Jesús dijo que no vino para abrogar la ley, sino para cumplirla. La ley no es nuestra enemiga, como muchos cristianos creen, tampoco es nuestra fuente de redención. Incluso si pudiéramos cumplir la ley al pie de la letra, hasta el último detalle, esta no podría redimirnos.

La ley cumple dos funciones: iluminar nuestra conciencia para que veamos que somos pecadores y que estamos irremediablemente perdidos, y señalarnos a Jesucristo como la fuente provista por Dios para la redención. La ley levítica no tiene autoridad sobre nosotros como redimidos, pero nuestro estilo de vida debe reflejar la ley moral de Dios. Las ordenanzas levíticas se dieron para proteger y preservar al pueblo de Dios, trayendo purificación y orden (social y físico) a sus vidas. La ley moral se escribió en nuestro corazón y

La justificación

la obedecemos como parte de nuestro carácter y naturaleza como redimidos. Es una fuerza interna que obra mediante la regeneración. Por lo tanto, la letra de la ley y sus mandatos físicos no deben regir nuestras vidas. Ahora nos ocupamos en nuestra salvación con temor y temblor (Filipenses 2:12).

El camino a Cristo

Cuando Pablo habló de «la justicia de Dios sin la ley», no quiso decir que podíamos ser justos mientras elegíamos pecar. Dios nos da una justicia que no se basa en nuestro desempeño ni en nuestra capacidad. La justicia que él concede se basa en que él nos busca. Pablo dice: «La justicia de Dios por la fe de [no «en»] Jesucristo [...]» (Romanos 3:22 RVA). La justicia proviene de la fe, la obediencia y la obra de Jesús. No tiene que ver con nuestra relación con la ley, sino con la relación de Jesús con el Padre. Jesús siempre hizo las cosas que al Padre le complacían. No habló sus propias palabras, sino las del Padre. Pablo está diciendo que Jesús estableció una justicia que no excluía la ley, porque Jesús cumplió la ley.

Ahora nos relacionamos con la ley a través de Jesús; y Dios nos aplica la ley por medio de Jesús. La ley no está excluida y no fue eliminada en cuanto a nuestra responsabilidad respecto de ella. Al no comprender esto, otros creyeron que la ley era el camino hacia Dios, en lugar del camino hacia Cristo, quien es el camino a Dios.

«Así también vosotros, hermanos míos, habéis muerto a la ley mediante el cuerpo de Cristo [...]» (Romanos 7:4). No hay mérito en cumplir el noventa y nueve por ciento de la ley, así que ¿por qué esforzarnos demasiado en intentar cumplirla? ¿Por qué engañarnos al pensar que cuanto más cumplimos la ley, más espirituales somos? No podemos juzgar nuestra relación por el desempeño externo al cumplir la ley. Nuestra relación se basa en nuestra dependencia de

La ley: el silenciador y el maestro

Jesús, sin embargo, muchos tenemos problemas en creer que Dios nos dejará entrar al cielo simplemente por el mérito de la obra redentora de Jesús. Nuestro comportamiento, las buenas obras, la santificación y la santidad son consecuencias de la redención; no son la base que determina si entramos o no al cielo. Solo la sangre de Jesús, su obra culminada en el plan de redención, nos conducirá a la presencia de Dios.

Si no comprendemos la gran misericordia y gracia de Dios, estamos desesperanzados. Hay personas en la Iglesia hoy en día que esperan que, si oran, ayunan y estudian más, Dios las acepte. A muchos les han enseñado que cuanto más estudian la Palabra, más justos serán. Esas personas no son diferentes a los humanistas seculares que piensan que, con su propio mérito, pueden lograr una relación con Dios basada en su capacidad. Este orgullo y autojusticia son abominaciones para Dios. Si creen que pueden acercarse a él basados en su desempeño, no lo conocen.

Desde el momento en que comenzamos a relacionarnos con Dios basados en nuestro desempeño, creyendo que tenemos que ganarnos su confianza o comunión, le atribuimos a nuestro desempeño el mismo valor que tiene la sangre de Jesús. Una vez que nos damos cuenta del valor del precio que él pagó, nunca más intentaremos equiparar nuestro desempeño con su sangre.

Capítulo 10

Dios en busca del hombre que huye

«Mas Dios muestra su amor para con nosotros, en que siendo aún pecadores, Cristo murió por nosotros» (Romanos 5:8).

El dios de este mundo ha cegado los ojos del hombre natural, para que no crea en la verdad y el amor del glorioso evangelio (2 Corintios 4:4). Ningún razonamiento puede iluminar, porque no se puede racionalizar a Dios. Él se encuentra más allá de la capacidad de entender del hombre, y el alcance de su majestad está más allá de toda comprensión. No se pueden comprender sus atributos, solo se pueden creer y aceptar.

«No hay quien entienda, no hay quien busque a Dios» (Romanos 3:11). Apartado de la luz de Dios, el hombre no puede darse cuenta de su condición espiritual. Si el ser humano tiende a acercarse a Dios, es porque él lo está atrayendo. Les compartiré algo que les ayudará en su evangelismo. Si alguien se está acercando a Dios, ilumínenlo, porque no es normal que el hombre busque a Dios. Solo es normal que Dios busque al hombre. Él los está usando para dar a conocer la Palabra de Dios, la cual traerá esclarecimiento a esa persona. La fe, entonces, puede darle a su espíritu esclarecimiento, regeneración, redención y justificación.

Como ningún hombre busca a Dios, aquellos que tienen hambre de él han recibido la gracia de Dios. El Espíritu Santo imparte gracia para atraerlos a su presencia. Las Escrituras dicen: «Todos se desviaron, a una se hicieron inútiles; no hay quien haga lo bueno, no hay ni siquiera uno» (Romanos 3:12).

Dios nos buscó

Es importante que volvamos a la idea de que Dios es quien busca. Dios es un Dios de gracia tanto en el Antiguo como en el Nuevo Testamento, nada ha cambiado. En el Antiguo Testamento, Dios no se revela como severo, que juzga y se centra solo en la justicia y el castigo. En el Nuevo Testamento, vemos un Dios de gracia y caridad. Es el mismo Dios. Él dio un gran regalo que le permitió ser justo como el justificador. Sin dejar de ser justo, Dios nos justificó y nos declaró justos con su justicia. Nos permitió ser justificados mientras moraba entre nosotros por medio de la encarnación de Jesucristo. Él trascendió nuestra naturaleza y todo el poder de Satanás. Como el primer Adán pecó, el último Adán dio gracia que sobreabunda. Cuando el pecado abundó, sobreabundó la gracia. Dios siempre nos buscó por gracia, no por nuestro desempeño ni por nuestras obras. Dios obra en nosotros para que queramos y hagamos su buena voluntad.

Somos pecadores, estamos marginados y separados de Dios (Colosenses 1:21), pero él nos buscó. No podemos atribuirnos el mérito porque no hicimos nada. Como enemigos de Dios, nos servíamos a nosotros mismos y disfrutábamos de nuestra carne cuando Dios nos alcanzó. Éramos enemigos por las obras perversas, pero él nos ha reconciliado.

La brecha llegó a través de nuestro padre, Adán; y el hombre ha estado bajo el poder del pecado por generaciones. Dios nos reconcilió y nos dio libre acceso para que «el que quiera» (Apocalipsis 22:17) venga. No nos acercamos solo para evitar el infierno. «El que quiera» puede ser reconciliado, puede vestirse de la gloria de Dios, puede tener

La justificación

comunión con Dios, puede vivir libre del poder del pecado y puede lidiar con la serpiente en el jardín. El pecado ya no nos domina, podemos salir con valentía y dar con libertad lo que hemos recibido.

«Entonces le respondió Jesús: Bienaventurado eres, Simón, hijo de Jonás, porque no te lo reveló carne ni sangre, sino mi Padre que está en los cielos» (Mateo 16:17). Somos bendecidos por conocer a Jesús hoy. Nosotros no lo elegimos, él nos eligió. No hicimos nada para estar donde estamos hoy, todo lo que tenemos es un regalo. No podemos hacer nada con nuestra fuerza para terminar este recorrido, porque es por su gracia, misericordia y fe que obra en nosotros. Al tener esa confianza, entendemos que somos escogidos por Dios, una nación santa, real sacerdocio, un pueblo especial, elegidos y consagrados como Iglesia para alabar a aquel que nos llamó de las tinieblas a su luz admirable (1 Pedro 2:9).

Nos amó sin condición en nuestro peor momento

El amor de Dios nunca cambia. Dios no tiene días malos o nos ama menos que lo que nos amó antes del principio del mundo. El Padre no nos ama menos cuando pecamos, pero puede castigarnos, porque él castiga a los que ama. Él nunca dejará de buscarnos. Él nos mostró su amor mientras aún éramos pecadores. Jesús murió por nosotros para que podamos descansar y ser libres del temor del juicio. Dios nos ama, él no nos echará. Podemos huir, pero nadie puede arrebatarnos de las manos del Padre.

Lo despreciábamos, pero él nos amó. Huimos de él, pero él nos buscó. En su amor, organizó nuestra llegada a lugares difíciles en donde nos deshicimos y caímos de rodillas. Él nos permitió a nosotros, que huíamos de su voz como lo hizo Jonás, que quedáramos atrapados en una confusión, y nos llevó a un lugar de conformidad. Gracias a Dios por su amor incondicional.

Dios busca a todos los hombres, pero ¿qué hace que aceptemos su amor? No es porque seamos mejores o más inteligentes que otros. La voluntad expresa de Dios niega la idea de elección o de una gracia arbitraria, porque sabemos que el Señor «no quiere que ninguno perezca» (2 Pedro 3:9). Así que, debemos asumir que nuestra voluntad para oír e inclinarnos debe ser obra del Espíritu. No teníamos ningún valor innato, pero elegimos humillarnos. Como tenemos libre albedrío, elegimos amar más allá de nosotros mismos.

«Porque Cristo, cuando aún éramos débiles, a su tiempo murió por los impíos. Ciertamente, apenas morirá alguno por un justo; con todo, pudiera ser que alguno osara morir por el bueno. Mas Dios muestra su amor para con nosotros, en que siendo aún pecadores, Cristo murió por nosotros» (Romanos 5:6-8). Una vez que aceptamos a Jesús como nuestro Señor y Salvador, se caen las «escamas» de nuestros ojos y nuestro corazón es iluminado. Cuando nos damos cuenta del hecho de que él nos buscó (no nosotros a él), somos humillados por el amor incondicional de Dios. Cuando estábamos en nuestro peor momento, él nos dio el regalo de su justicia para que pudiéramos ser reconciliados. Merecíamos el infierno, pero fuimos exaltados al trono de Dios. Nada es más gratificante ni más aleccionador. Nos hace querer ocuparnos de sus asuntos. Somos deudores que han recibido generosamente, y necesitamos dar generosamente.

«El que no ama, no ha conocido a Dios; porque Dios es amor» (1 Juan 4:18). Somos completamente amados. Si hay temor en nuestra relación con el Padre, no hemos recibido su perfecto amor. Muchos de nosotros hemos amado a alguien sin que ese amor fuera recíproco, especialmente en relaciones que formamos mientras crecíamos. Nos engañábamos al pensar que, si amábamos lo suficiente, la persona amada finalmente nos correspondería cuando entendiera cuánto la amábamos. Dios nos ama a pesar de que no sea recíproco, él no necesita que nadie lo ame para poder seguir expresando su amor. Dios tampoco cree que, como nos ama perfectamente, todos lo amarán también.

Una vez que entendemos y aceptamos el amor de Dios, todo el temor al juicio, al rechazo y a la venganza se disipa. Muchos tenemos problemas para aceptar el amor incondicional, porque sabemos que somos poco afectuosos. No podemos creer que alguien nos pueda amar si sabe realmente quiénes somos. ¡Dios nos conoce y nos ama igual! Aceptamos ese amor por fe, porque no podemos creer que Dios nos ame de esa manera. El pecado ha engañado al hombre no regenerado para que piense que un Dios santo no toleraría su comportamiento, así que debe hacer algo para apaciguarlo. Esa pacificación, la propiciación, se dio en Jesús.

La salvación pertenece a nuestro Dios

El hombre no hace nada para conseguir la salvación, excepto creer en la obra culminada de Jesucristo. Incluso nuestra creencia fue la consecuencia de que él nos buscara y nos impartiera gracia y fe. Él nos hizo estar al tanto de su misericordia hacia nosotros. Todo proviene de Dios. «Nosotros le amamos a él, porque él nos amó primero» (1 Juan 4:19).

«Porque no envió Dios a su Hijo al mundo para condenar al mundo, sino para que el mundo sea salvo por él. El que en él cree, no es condenado; pero el que no cree, ya ha sido condenado, porque no ha creído en el nombre del unigénito Hijo de Dios. Y esta es la condenación: que la luz vino al mundo, y los hombres amaron más las tinieblas que la luz, porque sus obras eran malas. Porque todo aquel que hace lo malo, aborrece la luz y no viene a la luz, para que sus obras no sean reprendidas. Mas el que practica la verdad viene a la luz, para que sea manifiesto que sus obras son hechas en Dios» (Juan 3:17-21).

La condenación viene de confiar en nuestra propia justicia y obras. Cuando se presenta el mensaje en una verdad simple, solo una persona demente diría que no. El mensaje es que somos pecadores, estamos perdidos, condenados e iremos al infierno. Sufriremos tormento eterno en un lugar donde hay llanto, lamento y crujir de dientes. Quedaremos en la oscuridad y en una condenación eterna impensable. Sin embargo, no tenemos que hacer nada, solo creer que la muerte de Jesús es suficiente. Satanás ha cegado a los que no quieren creer en Jesús. ¿Pueden ver el poder bajo el cual está la humanidad, y la gracia que Dios dio para que podamos creer? La gracia es un regalo de Dios, y debemos estar agradecidos por ella.

De nuestro interior fluirán ríos de agua viva del Espíritu Santo que habita en nosotros. El regalo del espíritu de Dios mora en nosotros gracias a la obra de Jesús. Las buenas noticias son que éramos sus enemigos, lo odiábamos, pero, sin embargo, él nos buscó sin cesar y nos dio la gracia para comprender la magnitud de ese amor. Él llenó nuestro corazón de fe para creer.

Él nos atrajo y, mediante el Espíritu Santo, iluminó nuestro entendimiento para que pudiéramos ver el gran e indescriptible regalo de Dios. Cuando fuimos iluminados, Dios también puso el regalo de la fe en nuestro corazón, lo que nos permitió creer y recibir aquello que ignorábamos y a lo que voluntariamente nos resistíamos. No éramos capaces de creer. Es imposible que un hombre que no ha recibido la gracia de la iluminación crea. «Pero el hombre natural no percibe las cosas que son del Espíritu de Dios, porque para él son locura [...]» (1 Corintios 2:14).

La justificación

Hoy, nuestra salvación está solamente en la obra del Señor. Lamentablemente, muchos cristianos creen que se han esforzado por buscar y conocer a Dios. No, él nos buscó y nos amó a nosotros; no nosotros a él. Muchos queremos conocerlo en el poder de su resurrección, pero creemos que será por obras. Solo será por simplemente comprender que no se puede hacer por nuestra propia justicia. No podemos hacer nada, es un regalo. Lo necesario para satisfacer a Dios estaba en la sangre de Jesús (la propiciación o pacificación), y debemos tener fe en su sangre. Somos deudores absolutos de la gracia y del amor de Dios. Somos salvos por gracia, «no por obras, para que nadie se gloríe» (Efesios 2:8-9). Somos justos ante Dios, como si nunca hubiéramos pecado; puros e inocentes como el primer Adán antes de la caída. Esto fue posible solo por la obra y la sangre de Jesucristo.

Capítulo 11

Redimido por gracia

«Siendo justificados gratuitamente por su gracia, mediante la redención que es en Cristo Jesús» (Romanos 3:24).

En Hebreos 9:12 leemos: «Y no por sangre de machos cabríos ni de becerros, sino por su propia sangre, entró una vez para siempre en el Lugar Santísimo, habiendo obtenido eterna redención». En la eternidad no existe el tiempo. «Redención eterna» significa que la redención siempre estuvo ahí. El plan para nuestra salvación fue terminado en el corazón y en la mente de Dios antes de nuestra transgresión. Llevarnos a casa siempre ha sido la intención de Dios. Están los que desafían a Dios diciendo: «¿Por qué Dios crearía al hombre si sabía que iba a fallar?». ¿Cómo nos atrevemos a desafiar a Dios, a juzgar su misericordia, justicia y amor, cuando él estuvo dispuesto a sufrir y morir para reconciliarnos consigo mismo desde antes de que fuésemos creados?

El Cordero inmolado desde el principio del mundo

Apocalipsis 13:8 habla del «Cordero que fue inmolado desde el principio del mundo». Jesús es el Cordero inmolado desde el principio, inmolado en el corazón y el propósito de Dios desde antes de que siquiera existiera la encarnación. Este Cordero era el precio aceptable en el plan determinado de Dios. No solo él era el precio aceptable, sino que su sacrificio fue el poder eficaz para destruir el dominio del pecado sobre el hombre.

La justificación

Dios siempre ha deseado reconciliar al hombre. En 2 Corintios 5:19, vemos que «Dios estaba en Cristo, reconciliando consigo al mundo, no tomándoles en cuenta a los hombres sus pecados [...]». El Dios justo y recto nos ama y ha hecho todo de forma legal para reconciliarnos con él. Él sigue siendo justo y el que justifica a aquellos que se acercan a él a través de Cristo.

La justicia es algo importante en la redención. Los que apuestan que Dios es un gran Santa Claus, que dejará que todos entren al cielo el último día, no lo conocen. Un hombre pecador e injusto no puede estar en la presencia de un Dios santo. Solo podemos ser aceptados por él mediante lo que hizo Jesús. No somos declarados justos ante Dios por haber ido a la iglesia hoy ni porque hayamos orado o ayunado en la tarde. Lo que nos pone en la relación correcta ante Dios es lo que hizo Jesús, no lo que nosotros hacemos.

La justicia de Dios es «para todos» es para «todo aquel que cree». Dios vino para que «el que quiera» pueda acercarse. «Porque de tal manera amó Dios al mundo, que ha dado a su Hijo unigénito, para que todo aquel que en él cree, no se pierda, mas tenga vida eterna» (Juan 3:16).

La provisión para la reconciliación

Isaías 53 revela todo sobre la reconciliación y el amor que Dios tiene para nosotros. Pensar que al Padre le agradaría herir a Jesús por nosotros nos resulta desconcertante. No podemos entender realmente cómo le complació al Señor tomar al Cordero inocente, al Hijo justo de Dios, y cambiarlo por nosotros.

Intentemos imaginar dar a nuestro hijo inocente para que reciba el castigo de la peor persona en la que podamos pensar. No se puede entender. Sin embargo, Dios hizo mucho más que eso por nosotros. Ese es el amor que tiene el Padre. No lo merecíamos, somos ese ladrón inútil, ese mentiroso, ese asesino, ese adúltero que acaban de imaginar; pero Dios *quebró* el cielo para reconciliarnos consigo mismo y para que tengamos comunión con él.

Para la expiación sustitutiva, no cualquiera podría dar su vida y ser el cordero sacrificial para la humanidad. Eso sería noble, pero no sería valioso a menos que esa persona no tuviera culpa ni pecado ni mancha. Ninguna otra persona en la historia de la humanidad, sino Jesús, ha declarado ser digno de pagar el precio.

«Y aquel Verbo fue hecho carne, y habitó entre nosotros» (Juan 1:14). Con total inocencia, él se sometió voluntariamente a la muerte en la cruz, y se hizo pecado con nuestro pecado. Hubo una transferencia real y literal del pecado a Jesús. La justicia que Jesús nos confiere es tan real como nuestro pecado, nuestra esclavitud y nuestra naturaleza pecaminosa que le fue transferida a él. Nos apropiamos de esta justicia a través del reconocimiento diario de nuestra crucifixión con Cristo. Elegimos voluntariamente humillarnos para ser puestos en la cruz por fe. Jesús murió por cada uno de nosotros, no solo por la humanidad en general. La redención es así de personal.

Sin haber hecho nada por nosotros mismos, la redención y el perdón de los pecados fueron transferidos a nuestra cuenta por la expiación sustitutiva de Jesús. Esto hace que el cristianismo sea diferente a todas las otras religiones.

Las personas no tienen problema en aceptar a Jesús como un gran profeta o maestro, pero sí tienen problema con el acto sustitutivo: el hecho de que pueden ser perdonadas gracias a lo que Jesús hizo. Aún quieren que sus obras tengan algún valor; su orgullo los lleva a rechazar ser deudores totales. No pueden aceptar el hecho de que sean considerados pecadores por haber nacido en el linaje de Adán. Por eso, no recibirán la vida eterna que se les ofrece por la obra

La justificación

terminada de Jesús. Así es cómo el pecado esclaviza a hombres y mujeres. Isaías muestra que la expiación sustitutiva de Jesús no se nos transfirió con la sola voluntad de Dios: hubo un precio que pagar. El valor de nuestras vidas se ve en la obra redentora de Jesús y en la expiación sustitutiva en la cruz.

Dios nos acepta en medio de nuestro pecado cuando hay arrepentimiento verdadero y tristeza piadosa. Si debemos esperar a haber hecho algo para merecer el perdón antes de arrepentirnos, eso no es arrepentimiento. Es arrepentimiento fingido, es confiar en nuestras obras y seguir estando muertos en nuestros pecados. Comprender la magnitud de esta expiación sustitutiva nos trae libertad.

Dios alejó de nosotros nuestros pecados, tan lejos como está el oriente del occidente, los arrojó al mar del olvido, poniendo así nuestros pecados en sus hombros. El decreto que había en contra de nosotros ya fue anulado. No hay registro del pecado si caminamos en la plenitud de la redención y de la gracia de Dios. Dios no solo perdona a través de la justificación y la atribución, él olvida.

No somos condenados en libertad condicional, sino que somos culpables declarados inocentes debido a la obra de alguien que fue proclamado inocente. Los pecados pasados han sido perdonados por la misericordia, la clemencia y la paciencia de Dios.

«Mas Dios muestra su amor para con nosotros, en que siendo aún pecadores, Cristo murió por nosotros» (Romanos 5:8). Pablo dice que Cristo, que tiene el corazón de Dios para traer redención, murió cuando éramos pecadores. La redención es algo que Jesús hizo para comprarnos y recuperarnos del poder de Satanás y del pecado. Jesús nos compró a través de su vida victoriosa, su inocencia y su muerte y resurrección. La redención es la obra que Dios hizo en favor nuestro para comprarnos de forma legal por medio de lo que las Escrituras denominan «apaciguamiento». Como Dios fue apaciguado, ahora podemos ser reconciliados. La redención es para todos, pero solo viene a aquellos que creen (Romanos 3:22).

Apaciguamiento sorprendente

Somos justificados gratuitamente por Jesucristo «a quien Dios puso como propiciación [...]» (Romanos 3:25). Dios, el juez, envió al agente necesario para llevar a cabo nuestra reconciliación y justificación al establecer nuestra inocencia y justicia. Dios lo envió para ser la propiciación, en otras palabras, el factor de apaciguamiento. Dios, que es santo y justo, no podía simplemente encubrirnos o dejarnos libres. Eso no hubiera sido justo ni hubiera ido con su carácter. Esto no solo debía ser algo legal, sino un acto literal. No se trata de una justicia aparente; es literal y efectiva, y llega al reino eterno en donde fuimos crucificados con Jesucristo. Su efecto se extiende desde el principio del mundo, cuando el Cordero fue inmolado. Es algo sorprendente, pero Dios es el autor. Jesús fue el agente enviado por el Padre para que fuera la propiciación.

Jesús obedeció perfectamente, nunca incumplió ninguno de los mandamientos. Dicen las Escrituras que él «no conoció pecado», pero «por nosotros Dios lo hizo pecado» (2 Corintios 5:21). Él fue el sustituto perfecto. No solo vivió una vida de obediencia, sino que soportó la justicia y el juicio de Dios a través de la crucifixión. La muerte de Jesús en la cruz fue mucho más allá del sufrimiento natural y de la crucifixión. Su muerte por la humanidad no fue algo simplemente simbólico. Cuando Jesús derramó su sangre al morir en la cruz, la justicia de Dios fue satisfecha. Jesús sufrió la ira de Dios por nosotros: él tomó el lugar que merecíamos, y Dios quedó satisfecho.

La justificación

Es por nuestra fe en su sangre que la reconciliación se vuelve realidad y la justificación se hace efectiva, obrando en nuestras vidas a diario. Su derramamiento de sangre inocente fue «para manifestar su justicia, a causa de haber pasado por alto, en su paciencia, los pecados pasados, con la mira de manifestar en este tiempo su justicia, a fin de que él sea el justo, y el que justifica al que es de la fe de Jesús» (Romanos 3:25-26).

Cuando el hombre pecó, el pacto se rompió. Se burlaron de Dios, se olvidaron de él, lo traicionaron y le robaron su gloria. También le robaron su tesoro, el hombre. Habían pecado contra Dios, y había que retribuirle, no solo arrepentirse. Alguien debía pagar para arreglar esto. Para seguir siendo justo, Dios mismo pagó la deuda. El amor de Dios por nosotros va más allá de la comprensión. Solo el Espíritu Santo puede iluminarnos para que veamos la dulzura, la gracia y la hermosura de Dios; luego podremos responderle. Ya no cumplimos las leyes por el miedo al juicio, lo hacemos buscando su hermosura, y lo conocemos mejor al tomar conciencia de la obra finalizada en nosotros. Él es la propiciación o la satisfacción.

Jesús, nuestro «jefe federal»

La justicia de Dios en Jesucristo se ve en el cumplimiento de la ley y en su ofrecimiento inocente para representar a la humanidad como el «jefe federal». Previamente, hablamos de que Adán es nuestro jefe federal porque el pecado nos fue imputado por haber nacido en la familia de Adán. Aunque todos morimos en Adán, en Cristo hemos sido justificados (hechos justos) y vivimos en la conciliación de Dios por medio de la sangre.

El mensaje del evangelio es que cuando Jesús, nuestro jefe federal (nuestro representante), murió, nosotros morimos. Él no solo murió por nosotros, las Escrituras dicen que nosotros morimos junto con él. Aunque nuestra muerte con él no se puede explicar o comprender, se entiende por fe. La Biblia deja muy en claro que fuimos crucificados y resucitados con él. Lo que Jesús logró con su muerte y resurrección fue acreditado a nuestra cuenta. No podemos llevarnos el crédito, sino que podemos reconocer la obra completa de la gracia, la fe y la justicia lograda por Jesús. Este es uno de los temas más profundos en todas las Escrituras, y sin embargo, es uno de los más simples cuando entendemos el liderazgo de Jesucristo.

«Federal» significa que él (uno) nos representó a nosotros (muchos).

Capítulo 12

Las riquezas de su gracia

«Para alabanza de la gloria de su gracia, con la cual nos hizo aceptos en el Amado, en quien tenemos redención por su sangre, el perdón de pecados según las riquezas de su gracia» (Efesios 1:6-7).

Por medio de la gran obra de redención obtenemos tres cosas: somos libres de Satanás, del pecado y del poder del engaño. La redención nos sacó de una situación que nos tenía de rehenes. El engaño evita que el rehén vea a su captor como un enemigo, y a veces hace que lo vea como un protector. Eso es lo que sucede con el hombre que está bajo el poder de Satanás, pero, cuando la sangre de Jesús nos compra, podemos ver con claridad. Vemos al pecado y a Satanás por lo que son y cómo han afectado nuestras vidas.

«Para que abras sus ojos, para que se conviertan de las tinieblas a la luz, y de la potestad de Satanás a Dios; para que reciban, por la fe que es en mí, perdón de pecados y herencia entre los santificados» (Hechos 26:18). Su valioso derramamiento de sangre satisfizo a Dios y nos permitió, de forma legal, ser libres del dominio de Satanás. Nuestra visión ahora es más amplia que cuando estábamos cautivos —estábamos atrapados en un cuarto, con los ojos vendados, éramos torturados, golpeados y nos lavaban el cerebro—. Nuestro mundo ahora es una realidad, en lugar de ser un mundo controlado por Satanás. Comenzamos a ver como nos ven y a conocer como nos conocen. Ese es el beneficio de la redención que nos fue otorgada.

Libertad para elegir

«Porque habéis sido comprados [redimidos] por precio; glorificad, pues, a Dios en vuestro cuerpo y en vuestro espíritu, los cuales son de Dios» (1 Corintios 6:20). Le pertenecemos a Satanás o a Dios. La frase que usa Romanos es: «Sois esclavos de aquel a quien obedecéis» (Romanos 6:16). Si permitimos que Dios nos rescate, entonces somos su posesión. Cuando, en su misericordia, Dios abre sus ojos para que veamos que necesitamos salvación, él nos libera para elegir. En ese momento, y solo en ese momento, somos libres para elegir. Podemos volver al señorío de Satanás o podemos seguir a Dios.

Algunos creen que han sido redimidos para hacer su voluntad y para depender de sí mismos, pero no es así. Salimos del dominio de Satanás hacia el dominio de Dios, ahora somos esclavos por amor. Elegimos estar aquí y somos libres de irnos. Somos libres en cualquier momento de volver al reino de la oscuridad y ejercer nuestra voluntad. Si queremos vivir en el reino de Dios, nuestra vida no será nuestra.

Al presentar a Cristo a los perdidos, podemos cometer el error de hacer que ellos piensen que no hay un precio. Aunque el precio no tiene nada que ver con nuestra redención o salvación, hay un costo por elegir seguir a Jesús: la muerte a uno mismo, tomar nuestra cruz cada día. Reconocemos que hemos sido comprados por un precio —ya no nos pertenecemos—, y estaremos en el reino conforme a la voluntad de Dios, para servir a su gloria. Él no nos trata como sirvientes, sino como hijos. «Al que venciere, le daré que se siente conmigo en mi trono, así como yo he vencido, y me he sentado con mi Padre en su trono» (Apocalipsis 3:21).

La justificación

Nuestro valor está en el precio pagado

Dios, por medio del profeta Isaías, dijo: «Yo te redimí». Dios hizo una inversión en el hombre, porque su amor está en nosotros. El hombre era solo un trozo de arcilla hasta que Dios respiró aliento de vida en él. Dios se entregó a sí mismo en Jesucristo para redimirnos.

Dios pagó nuestro rescate, eso es la redención. Satanás no fijó el precio, Dios lo fijó por su propia justicia y santidad. Se debía ofrecer un sacrificio perfecto, la genialidad del plan de encarnación de Dios.

Podemos entender nuestro valor eterno por el rescate pagado. El valor del objeto redimido se ve en su precio. Nuestro valor se ve en el precio que Jesús pagó. Hebreos 9:12-14 dice: «Y no por sangre de machos cabríos ni de becerros, sino por su propia sangre, entró una vez para siempre en el Lugar Santísimo, habiendo obtenido eterna redención. Porque si la sangre de los toros y de los machos cabríos, y las cenizas de la becerra rociadas a los inmundos, santifican para la purificación de la carne, ¿cuánto más la sangre de Cristo, el cual mediante el Espíritu eterno se ofreció a sí mismo sin mancha a Dios, limpiará vuestras conciencias de obras muertas para que sirváis al Dios vivo?».

El regalo de la gracia abre nuestros ojos para que creamos. Fuimos comprados por la preciosa sangre de Jesús. Cuando entendemos lo valiosa que es su sangre, podemos entender lo valiosos que somos para Dios. Tenemos problemas para igualar nuestro valor con la sangre de Jesús, el Hijo de Dios sin mancha. Retrocedemos a ese pensamiento en lo natural. Creemos que no es posible que podamos equiparar nuestra vida sin valor con la sangre del Hijo de Dios. Sin embargo, Dios quiso quebrantarlo por nosotros (Isaías 53:10).

Hasta que entendamos cuánto valemos para el Padre, no podremos movernos hacia la libertad que nos otorga la redención. Pensaremos todo el tiempo en nosotros mismos como huérfanos, y no nos daremos cuenta de que hemos sido adoptados en el hogar del Rey y de que nos sentamos confiadamente a su mesa. Así como a Mefi-boset, a nosotros, en nuestro quebranto e indignidad, se nos ha dado un lugar en la mesa del Rey (2 Samuel 9:13). Amados, de esto se trata la redención. Debemos entender el valor del intercambio.

Efesios 1:7 dice: «En quien tenemos redención por su sangre, el perdón de pecados según las riquezas de su gracia». No tenemos un valor natural o intrínseco; nuestro valor está dado por la gracia de Dios, su favor inmerecido. No merecíamos ese precio, pero Dios percibe nuestro valor según el valor que él ha puesto sobre nosotros a través de su gracia.

Tenemos el valor que Dios dice que tenemos porque él nos vio antes del principio del mundo. Él nos ve en la eternidad, él no nos mira en nuestra condición rota y depravada. Él nos ve como criaturas puras a las que él les dio aliento de vida y a quienes creó a su imagen, y como a sus representantes en esta tierra. Somos aquellos por quienes él vino y con quienes él tiene comunión, aquellos a los que él ve completos en la obra redentora de Jesucristo. Él nos ve desde la eternidad, no en tiempo y espacio. Por eso somos valiosos para él hoy. Así es como debemos vernos, en lugar de a través de nuestro desempeño momentáneo. Nuestra relación con Dios se debe basar en el valor que él nos dio, y recibimos por fe la obra finalizada de Jesús por medio de su gran redención.

La gracia nos da lo que necesitamos

En una de las parábolas, el dueño del viñedo encontró algunos hombres a los que les había prometido pagarles un denario por su trabajo (Mateo 20:1-2). Un denario era el salario de un día, lo que se necesitaba para suplir las necesidades diarias de una familia promedio. Como se dieron cuenta de que necesitaban trabajar para la comida del día, estuvieron felices por la oportunidad de trabajar en la viña. A las tres horas, las seis horas, las nueve horas y hasta las once horas, el dueño siguió contratando más trabajadores y acordó pagarles lo que era justo.

Cuando llegó el momento de pagarles, los hombres que habían trabajado una hora recibieron la misma paga que los que habían trabajado todo el día. Los hombres que trabajaron todo el día se reunieron y dijeron: «¡Esto no está bien!».

Pero el amo les respondió: «Esperen, pensé que estaban de acuerdo con trabajar por esta cantidad».

«Bueno, sí, pero...».

¿Qué bien habría hecho si el amo, el hombre que contrató a los trabajadores, le pagaba al último hombre la doceava parte de lo que necesitaba para el día? ¿Habría satisfecho sus necesidades? No, su familia habría pasado hambre. Eso es gracia: no es lo que merecen, por lo que trabajaron, sino lo que necesitan.

Gracia por la eternidad

La regeneración, o el nuevo nacimiento, no nos salva. El nuevo nacimiento es lo que ilumina nuestro espíritu para que veamos la magnitud de la salvación.

La regeneración y la justificación (ser declarados justos) nos llevan a la salvación, la cual es progresiva a través de la santificación. Las Escrituras dicen que somos justificados por fe y que somos salvos para la esperanza, la esperanza de nuestra salvación. La salvación no está completa hasta que se manifiesta la glorificación. Cuando él venga, «seremos semejantes a él, porque le veremos tal como él es» (1 Juan 3:2). «Aun estando nosotros muertos en pecados, nos dio vida juntamente con Cristo [...], y juntamente con él nos resucitó, y asimismo nos hizo sentar en los lugares celestiales con Cristo Jesús, para mostrar en los siglos venideros las abundantes riquezas de su gracia en su bondad para con nosotros en Cristo Jesús» (Efesios 2:5-7). «En los siglos venideros», incluso después de la glorificación, todo se revelará por gracia.

La gracia es por la eternidad. Incluso después de la obra de regeneración, en la que la corrupción se ha revestido de incorrupción y la mortalidad de inmortalidad, la gracia no cesa. Incluso después de llegar al cielo, viviremos por la gracia de Dios. Él nos mostrará cosas que nos sorprenderán durante toda la eternidad. Por extensión de la gracia, seguiremos creciendo en el conocimiento de su amplia grandeza. ¡Será inagotable! Nunca dejaremos de sorprendernos de Dios. ¡Qué gran regalo!

Pago completo

Estaríamos encantados si alguien cancelara la deuda total de nuestra hipoteca. Estaríamos contentos si nuestra tarjeta de crédito o nuestro auto estuvieran pagos. Pero hay algo mayor que esto: el acta en contra de nosotros ya fue anulada. No tendremos pecados en nuestra contra, ni siquiera serán recordados debido al regalo de Dios en Jesucristo. No podemos comprender tal salvación; seguramente no la merecemos, pero la recibimos con acción de gracias. Estamos en deuda eternamente con él, fuimos comprados por la sangre de Jesús y ya no nos pertenecemos. Somos suyos y estamos felices de ser esclavos en su hogar. Cuando tengamos esa actitud de corazón, él dirá: «No te atrapo con mi lazo de amor para mantenerte cautivo, sino que te libero para ser hijo. Cuando entiendas que eres un esclavo, te adoptaré como hijo».

La justificación

Dios nos da la gracia para creer que la sangre de Jesús es suficiente. Ya no estamos distanciados de Dios. Él nos ama y nos ve como sus hijos, justos y sin pecado, gracias a la sangre de Jesús. Si lo creemos, nuestra fe es contada por justicia. Su sangre hizo que fuera un hecho, y que creamos en esto nos da libertad. El poder del pecado está roto y somos hombres libres. La sangre de Jesús es suficiente para redimir al hombre del poder satánico, y está disponible para todos. Por lo tanto, podemos decir: «Soy la justicia de Dios en Jesucristo». Aunque aún hay áreas de nuestras vidas que no están ordenadas, nuestra salvación no es «por obras, para que nadie se gloríe». Hoy somos libres gracias a la sangre de Jesús.

Tal vez estuvimos bajo esclavitud, pero ahora nos damos cuenta de la libertad, el amor y la aceptación que hay en el Amado. Ahora entendemos la eficacia y el valor de la sangre de Jesús. Creíamos que teníamos que añadirle algo, pero ahora comprendemos que la sangre fue suficiente para eliminar el poder del pecado. Anuló el acta de los decretos en nuestra contra. Éramos esclavos de Satanás y del pecado, pero ahora un nuevo señor nos compró y su sangre pagó el precio. Ahora tenemos comunión con Dios, el Padre. Él nos compró, y ahora somos sus esclavos. Nuestro propósito es ser sus servidores por el resto de nuestras vidas. No necesitamos más libertad que la que ya tenemos. Somos libres de Satanás y del pecado. ¡Podemos disfrutar de ser esclavos de la justicia! No queremos ser libres, queremos ser posesión de Dios. Estábamos bajo la esclavitud de la autojustificación, las obras, la letra de la ley y la condenación, pero el Espíritu ahora nos habla a nuestro corazón. Sabiendo que somos libres, caminemos en esta libertad entendiendo qué es la gracia.

Mientras estos principios de la gracia de Dios se hacen reales en nuestras vidas, disfrutaremos cuando las ataduras con las que hemos luchado por años caigan a nuestros pies. Lo que antes hacíamos en esclavitud para apaciguar a Dios, ahora lo haremos libremente por amor a él. Tendremos la libertad de hacerlo, no será una obligación.

Padre, estamos maravillados por tu misericordia y tu amor. No hay palabras para expresar nuestra gratitud por la justicia del Cordero sin mancha. En tu inocencia, fuiste hecho pecado con nuestro pecado para que pudiéramos ser justos con tu justicia. Una vez más, reconocemos la obra finalizada y no desvalorizaremos tu sangre intentando añadirle nuestras obras, sino que simplemente diremos: «Hecho está». Somos hijos de Dios y herederos contigo. Recordando y celebrando la obra finalizada, solo podemos decir «gracias».

«Frases» del pastor Star R. Scott

Un aspecto del ministerio de enseñanza del pastor Star R. Scott que ha bendecido a miles a lo largo de los años es la franqueza de su ministerio. Esta sinceridad desde el púlpito ha sido definida en parte por el uso de «frases». Su congregación natal, a la que ha pastoreado por más de cincuenta años, ha llegado a apreciar estas declaraciones precisas que aclaran la mente de quien escucha. Recientemente, el pastor Scott enseñó sobre la justificación y mencionó unas cuantas frases que creemos te bendecirán. Las hemos incluído a continuación para tu edificación.

Parte del avivamiento de la iglesia que se purifica se ve en los que están dejando la iglesia.

Dejen de pensar que su voluntad hará bien a los propósitos eternos de Dios.

La verdadera obediencia bíblica viene del corazón, no de la mente.

La obediencia no es sumisión.

Dios no puede sumarse a su visión. Ustedes deben sumarse a la suya.

Cuando las personas distorsionan la doctrina de Dios, enfréntalos.

La sana doctrina no es para una clase de estudio bíblico, es para una vida santa.

Cuando estamos en desobediencia, lo sabemos.

¿Con qué soñamos despiertos? ¿Es con parecernos a Cristo?

Dios es soberano y obra en cada una de nuestras vidas lo que es mejor para nosotros.

Cuando nos convertimos en cristianos nacidos de nuevo, amamos a todos.

Puede que las circunstancias no cambien de inmediato, pero nuestro corazón sí lo hará.

La voluntad de Dios para su Iglesia es mayor que el bienestar personal.

Seamos las personas que se paren y digan: «¡Eso no es edificante!».

Amados, si hay un momento para dejar de mentirnos unos a otros, es hoy.

Dios no necesita nuestra ayuda o nuestro consejo para tratar con su propia vasija, o para producir en ustedes lo que le da más gloria.

Los hombres que no conocen a Jesucristo como su Señor y Salvador están bajo el poder de la depravación, y no hay nada bueno en el hombre.

¿Qué lugar debería ocupar la venida de Jesús en nuestra vida? No hay segundas oportunidades.

Necesitamos tomar determinaciones para dejar que la Palabra de Dios gobierne.

Hay solo una esperanza para nosotros: neguémonos a nosotros mismos, tomemos nuestra cruz cada día y sigámoslo.

Si no lo estamos escuchando, es porque estamos escuchando al mundo.

La justificación

Tenemos que creer que Dios está ordenando nuestros pasos.

Debería existir un contraste más nítido entre nosotros y el mundo.

Si hay algo que necesitamos estos días, es el resurgir del temor de Dios.

¿Qué está ahogando la Palabra de Dios (o la obediencia a la Palabra de Dios) en nuestra vida?

Mientras sigamos esforzándonos, mientras nuestra fuerza sea nuestra fuente, no estaremos descansando en Dios.

Debemos ver que lo espiritual dicta lo natural, no al revés.

Jesús no murió en la cruz por sus propios pecados, murió en la cruz por nuestros pecados. Fue un regalo para liberarnos de nosotros mismos.

Cuando hablamos de la depravación, significa que no tenemos nada para contribuir con nuestra redención.

Si no podemos hacer nada para ser regenerados inicialmente, no podemos hacer nada para contribuir con la santificación.

La santificación hace que nos arrepintamos enseguida.

Mi comportamiento no me santifica, mi fe sí.

Debemos ser más dependientes de Jesús cada día.

No hay «bondad» que no se origine en Dios.

Sus oraciones no cambiarán la voluntad de sus hijos.

La omnisciencia de Dios está en nosotros.

El amor de Dios nos motivará mucho más que el temor a Dios.

Ese pecado que asedia se apodera de nosotros cuando la mente está inactiva.

¿Necesitamos alguien con quien hablar? ¡Dios está en nosotros!

No salgamos a predicar sobre la condenación a las personas, prediquémosles sobre la reconciliación.

Sobre el autor

Star R. Scott es el pastor principal de Calvary Temple en Sterling, Virginia, donde ha ministrado desde 1973. El pastor Scott pasó veinte años en las Asambleas de Dios y obtuvo su título en The Berean College.

Ha servido a nivel seccional y de distrito, además de intervenir en concilios generales. Ha ejercido su ministerio en las iglesias más grandes tanto de Corea como de la India.

Aunque mantiene todos los principios de fe de las Asambleas de Dios, actualmente trabaja en un ministerio independiente supervisando y capacitando a pastores locales. Calvary Temple es una iglesia donde el consejo de la Palabra de Dios se cree, se enseña sin concesiones y se vive en obediencia al señorío de Jesús.

Los ministerios de Calvary Temple incluyen capacitación para el discipulado, instituto bíblico para adultos, ministerio de medios de comunicación y un programa misionero activo. Además del don pastoral, el pastor Scott ejerce dentro de los cinco ministerios como apóstol y profeta. Ha plantado iglesias, y actualmente supervisa a los pastores y ministerios de numerosas iglesias satélites.

El don de enseñanza del pastor Scott es profético y visionario para el cuerpo de Cristo. Su ministerio lucha con fervor por la fe, insistiendo en la sana doctrina. Durante las últimas dos décadas, el pastor Scott ha ministrado en radio y televisión, y ha viajado internacionalmente enseñando la Palabra de Dios sin concesiones.

Ha ministrado a millones de personas en las campañas de milagros «La espada del Espíritu», en viajes misioneros y en conferencias de pastores. Muchas de las enseñanzas del pastor Scott se están convirtiendo en libros y se están publicando de manera sistemática.

www.ingramcontent.com/pod-product-compliance
Lightning Source LLC
Chambersburg PA
CBHW060516030426
42337CB00015B/1914